武汉理工大学研究生教材专著资助建设项目资助

心智障碍青少年家庭的社会支持体系研究

余艳萍 ◎ 著

九州出版社
JIUZHOUPRESS

图书在版编目（CIP）数据

心智障碍青少年家庭的社会支持体系研究 / 余艳萍
著 . -- 北京 : 九州出版社，2025. 1. -- ISBN 978-7
-5225-3587-6

Ⅰ .G764；D632.1

中国国家版本馆 CIP 数据核字第 20252FW524 号

心智障碍青少年家庭的社会支持体系研究

作　　者　余艳萍　著
责任编辑　李创娇
出版发行　九州出版社
地　　址　北京市西城区阜外大街甲 35 号（100037）
发行电话　（010）68992190/3/5/6
网　　址　www.jiuzhoupress.com
印　　刷　广东虎彩云印刷有限公司
开　　本　787 毫米 ×1092 毫米　16 开
印　　张　11.5
字　　数　177 千字
版　　次　2025 年 3 月第 1 版
印　　次　2025 年 3 月第 1 次印刷
书　　号　ISBN 978-7-5225-3587-6
定　　价　68.00 元

前　言

在当代社会发展的进程中，心智障碍青少年及其家庭的境遇已成为衡量社会文明与包容程度的重要标尺。心智障碍青少年家庭在经济负担、照料负担、精神健康维护以及社会参与等诸多维度面临着复杂且严峻的挑战。这些挑战超越了家庭内部事务的范畴，与社会结构的稳定性、社会资源的分配公正性以及社会整体的包容性发展紧密相联。国家政策层面日益重视家庭支持体系的建设，如中国残联、教育部、民政部、国家卫生健康委、国家医保局、共青团中央、全国妇联联合发布的《孤独症儿童关爱促进行动实施方案（2024—2028年）》明确提出加强孤独症儿童家庭支持性服务，这体现了政策导向对孤独症等心智障碍儿童家庭支持的关注与重视。本书围绕心智障碍青少年家庭的社会支持体系展开深入研究，结合理论研究到实践研究深入探讨和分析心智障碍青少年家庭在当前社会支持体系下的生存现状、存在的问题以及专业的解决策略。

上篇研究篇通过系统的调查研究，从多方面深入剖析心智障碍青少年家庭所面临的状况及支持体系。从经济支持方面探究家庭沉重负担与现有支持的不足，包括高额费用支出下政府补贴和社会救助的局限；照料支持方面关注家庭照料者的巨大压力和康复服务资源的短缺；精神健康支持方面揭示家庭承受的精神重压以及心理健康支持的欠缺；社会参与和社会环境支持方面指出家庭在社会活动中的受限情况以及社会环境存在的歧视与融合度低等问题，整体呈现了这一特殊家庭群体在社会支持体系中的现状与挑战，为构建完善的社会支持体系提供全面依据。研究过程中，本研究采用深度访谈与参与观察等质性研究方法，广泛收集丰富的第一手资料，为深入研究奠定了可靠的实证基础。同时，考虑到心智障碍青少年家庭的社会支持体系是一个处于动态演进过程中的复杂系统，它受到社会政策、经济环境、文化观念等多方面因素的影响。因此，本研究也注重对这些因素的分析，以期为读者提供一个全面、深入的视角。

下篇实务篇聚焦于心智障碍青少年家庭社会支持的实践研究，凸显家庭社会支持的重要性。无论是社区工作对心智障碍青少年家庭资源整合与服务的推进，个案工作针对心智障碍青少年家庭个性化需求的精准介入以减轻家庭压力，还是小组工作借助家庭间互助构建支持网络，都表明家庭作为心智障碍青少年的主要依靠，其社会支持体系的完善与否直接影响着家庭应对困难的能力、家庭成员的生活质量以及心智障碍青少年的发展前景，构建强大的家庭社会支持体系对整个家庭的稳定、孩子的成长以及社会的和谐包容有着不可替代的重要意义。

本书的研究成果具有多学科的学术价值。在理论层面，为学术界提供了跨学科的研究视角，融合社会学对家庭结构与支持系统的剖析、心理学对个体及家庭心理需求的洞察、社会工作对家庭及其支持系统的双重分析等多学科理论成果，拓宽了相关研究的理论视野。在实践层面，为政策制定者提供科学决策依据，助力其制定更为精准、有效的政策措施；为社会工作者提供实践研究启示，提高其在实际工作中的专业性与有效性；为社会组织参与心智障碍青少年家庭支持工作提供明确的方向与策略建议。通过提出系统性的对策与建议，期望为改善心智障碍青少年家庭的社会支持体系提供理论与实践的双重参考，进而推动这一特殊家庭群体的社会融合与社会福祉提升。

最后，作者期望本书的出版能够引发社会各界对心智障碍青少年家庭状况的深度关注与积极支持。期望本书能为相关领域研究者和实务工作者提供深入的研究启示与实务操作借鉴，携手推动残疾人事业朝着更加公平、包容、可持续的方向发展，为心智障碍青少年家庭构建更加美好的未来奠定坚实的社会基础。

2024 年春于武汉理工大学

目录
CONTENTS

上 篇 研究篇

上 篇　研究篇

第一章 导 论

　　残疾人事业是中国特色社会主义事业的重要组成部分，扶残助残是社会文明进步的重要标志。残疾人作为弱势群体，其事业发展一直受到党中央、国务院的高度重视。党的二十大报告明确指出，完善残疾人社会保障制度和关爱服务体系，促进残疾人事业全面发展。《残疾人事业"十四五"规划（2021—2025）》（国发〔2021〕10号）提出，基本建立多层次的残疾人社会保障制度，稳定保障残疾人基本民生。到2035年，残疾人事业与经济社会协调发展，使残疾人共享经济社会发展成果。

　　心智障碍者指智力障碍、精神障碍，以及含以上两种障碍的多重障碍者[1]。国内学者通常将智力发育迟缓、唐氏综合征、自闭症（孤独症）、脑瘫统称"心智障碍"[2]。根据中国残疾人联合会的相关数据，截至2021年年末，我国持证精神障碍者和智力障碍者的人数总计约为761万，约占总持证残疾人数的20%[3]。还有许多未持证的心智障碍者，尤其是儿童群体。孩子患有心智障碍对

---

[1] Schalock R L, Luckasson R, Tassé M J. An overview of intellectual disability: definition, diagnosis, classification, and systems of supports[J]. *American Journal on Intellectual and Developmental Disabilities*, 2021, 126(6): 439-442.

[2] 娄燕，陈雪萍，陈佳佳，等. 成年心智障碍者家庭照顾者的照顾负担及影响因素研究[J]. 中华护理教育，2019, 16（03）：219-224.

[3] 中国残疾人联合会. 全国持证残疾人人口基础库主要数据. https://www.cdpf.org.cn/zwgk/zccx/ndsj/zhsjtj/2021zh/80f9400851214705a7e2774616e2e0e6.htm.

家庭而言是一个重大压力事件，心智障碍者缺少独立自理能力，其家庭在经济、生理和心理等方面承受巨大压力。特别是在残疾人14岁至20岁前后，家庭往往会进入一个照护焦虑高发期[1]，这一时期常伴随着更多相关的心理和照料的问题。照顾心智障碍者会导致家庭劳动力的减少和高昂的康复费用，使得许多家庭经济状况紧张，陷入困境；长期的照护压力笼罩在家庭之上，让家庭成员得不到喘息的机会，使得家庭成员身心俱疲，不堪重负；照顾心智障碍患者引起的分歧还会在家庭内部造成摩擦，引发家庭成员之间的矛盾，导致家庭成员之间的关系紧张[2]。家中有心智障碍患者易导致家庭关系的不和谐，尤其是对父母关系的影响以负面为主，即使是感觉关系良好的夫妻也会存在关系紧张时期，心智障碍孩子的父母离婚率高达80%[3]。

由于我国目前心智障碍相关政策体系尚不完善，针对心智障碍者家庭的特惠性、普惠性政策相对较少，大部分政策只聚焦于心智障碍群体本身而仅将心智障碍者家庭作为背景评估因素，很少将心智障碍群体及他们的家庭结合起来作为一个整体来观察。加之心智障碍青少年家庭的需求具有从经济到精神，从直接服务到间接支持，从个人成长到社会层面的多圈层、多样性的特点，心智障碍青少年家庭生活存在不少困难。但是家庭作为连接个人与社会的纽带，承担着满足个人生理、心理以及社会等各方面需求的作用，是心智障碍青少年家庭面对困境的重要支持系统。研究表明，重视家庭参与，强调培权育能，是保证康复效果延续性的关键之策[4]。国家政策开始专门强调家庭支持。中国残联等七部门联合印发的《孤独症儿童关爱促进行动实施方案（2024—2028年）》特别指出要加强孤独症儿童家庭支持性服务。研究心智障碍青少年家庭所面临的困境和心智障碍青少年家庭的社会支持系统如何，对帮助心智障碍青少年家庭提

[1] 刘战旗，杨婕娱，王旭东，朱健刚，胡建新. 重度残疾人分类精准照护及政策对接研究 [J]. 残疾人研究，2022（03）：47-57.

[2] 中国精神残疾人及亲友协会. 中国孤独症家庭需求蓝皮书 [M]. 北京：华夏出版社，2014.

[3] 周雅婷，尹华英，王敏建，王娟，程茜. 孤独症谱系障碍儿童家庭功能与养育者育儿自我效能感的相关性 [J]. 中国康复理论与实践，2017，23（04）：465-469.

[4] 袁丽娜，任灵敏，叶蓓. 团体沙盘游戏结合家庭式护理在孤独症患儿中的应用效果观察 [J]. 中国临床新医学，2019，12（11）：1244-1247.

高面对危机事件的核心能力具有重要意义。

一、研究意义

（一）理论意义

本研究在社会支持理论、人的需要理论的基础上，分析心智障碍青少年家庭的社会支持现状和需求，以及如何与政府部门、其他社会组织和专业力量能够更好地整合资源，为心智障碍青少年及其家庭提供支持。通过查阅相关文献发现，现有的研究主要关注学龄前（0~6 岁）心智障碍儿童及其家庭的发展与社会支持情况，对心智障碍青少年及其家庭缺乏关注，本研究在选取研究对象时将 7 岁以上心智障碍青少年及其家庭考虑在内，有助于拓展以往关于心智障碍青少年家庭的相关理论研究。

（二）实践意义

目前，心智障碍发病率呈现上升趋势，这也意味着越来越多的家庭要投入心智障碍患者的终身照顾和康复中，承受着沉重的压力。近些年来，国家和社会逐渐重视心智障碍患者的康复治疗和社会融合，但对其家庭照顾者的支持和福利仍十分有限，社会对心智障碍患者的家庭状况仍缺乏全面的了解。因此本研究尝试采用深度访谈法，了解心智障碍青少年家庭的生活状况，从经济支持、康复服务支持、心理健康支持、社会环境支持四方面了解他们的社会支持体系，并分析目前社会支持体系存在的不足和缺陷，有针对性地从健全心智障碍者家庭的经济支持体系、康复服务支持体系、心理健康支持体系、社会环境支持体系四个宏观方面提出建议，呼吁整个社会了解心智障碍人士及其家庭，给予心智障碍患者及其家庭更多包容理解和帮助，帮助心智障碍者家庭构建一个系统的社会支持体系。

二、国内外研究现状

（一）心智障碍者家庭的研究

国内外学者们对心智障碍者的研究大多停留在心智障碍者自身层面，多集中于心智障碍低龄儿童或心智障碍成年，而忽视了对心智障碍青少年及其家庭的研究。心智障碍者的康复是一项伴随终生的训练，心智障碍者的康复目标是以改善患儿的社交障碍、增加社交行为，同时培养生活自理能力，改善生活质量为主。在成长过程中，他们在家庭中生活占据了大部分的时间，以家庭为中心的康复治疗对改善患者的病情起着至关重要的作用。有学者从康复机构角度分析康复机构针对心智障碍者所提供的康复训练方式、内容、成效、存在的问题及需要改进的方面，但对康复机构与家庭合作实现康复延续性的研究不足。近年国内多项医学研究顺应国际研究趋势，进行医疗机构康复训练联合家庭康复训练治疗并取得相关临床成果，其表明重视家庭参与，强调培权育能，是保证康复效果延续性的关键之策。我国现今对心智障碍者的干预主要是以康复机构、特殊学校为主，对其的训练仍由专业人员进行，虽然已经逐渐认识到父母在其训练过程中的重要性，但仍缺乏家庭干预的实践经验。

有学者从家庭视角分析心智障碍者父母同样影响其子女的生活，家长健康的心态与对康复训练的积极配合、良好的家庭功能状况都有利于儿童达到更好的康复成果。有学者提出心智障碍儿童的康复需要家长的成长。其中以黄晶晶等学者为代表，指出残障并不仅仅是残障者个人的问题，更是一个家庭的事务，心智障碍者的照料需要家长学习更多专业的知识和技能[1]。王芳认为，对教育康复效果的评量既要关注儿童个体的能力发展，还应关注教师和家长的专业化成长以及行动、需求[2]。

（二）心智障碍者家庭的社会支持现状研究

一些学者探讨社会支持的作用和重要性。Hassall通过研究发现，孤独症儿童家庭获得的社会支持与家庭成员心理压力呈显著的负相关关系[3]，家庭获得的社会支持越多，家庭照顾者的心理压力越小，家庭复原力更强，对孤独症患者的康复训练更有利，因此家庭的社会支持不可缺少。Harris等认为，家庭支持政

---

[1] 黄晶晶，刘艳虹. 特殊儿童家庭社会支持情况调查报告 [J]. 中国特殊教育，2006（04）：3-9.

[2] 王芳，杨广学. 国内自闭症干预与康复现状调查与分析 [J]. 医学与哲学（B），2017，38(10)：49-54.

[3] Hassall R, Rose J, Mcdonald J. Parenting stress in mothers of children with an intellectual disability: the effects of parental cognitions in relation to child characteristics and family support. [J]. *Journal of Intellectual Disability Research*, 2010 (6):405-418.

策应不限于残疾者本身，而是通过一系列措施来支撑残疾人的生存，最主要的就是增强家庭成员自身能力，强化家庭功能，进而改善生活质量[1]。满小欧提出虽然国情不同，各国对特殊儿童的支持政策千差万别，但从干预手段上看，都是从时间、经济支持和服务三方面为家庭提供支持性服务[2]。这种以家庭为中心的支持福利体系体现了理念的创新，也为特殊儿童家庭提供了支撑、维持和援助。

一部分学者聚焦心智障碍者家庭的社会支持现状，包括主体层面和内容层面。目前我国特殊儿童家庭的需求较多，而实际获得的社会支持则较少，并且孤独症儿童家庭得到的实际支持和对支持的满意度都比较低[3]。社会支持的主体层面，有研究发现，目前特殊儿童家庭所获得的社会支持内容和结构并不科学合理，家庭社会支持大部分是由家庭成员、社会关系网络等非正式支持提供，而政府机关、社会组织等提供的正式社会支持明显缺乏。有学者指出，心智障碍者家庭得到政府的社会支持相对较少，建议完善权利制度，推进落实政府的相关扶持政策。从家长获得的社会支持量来说，不管是正式支持还是非正式支持都处于不足的状态，且家长获得的社会支持量具有城乡的差异[4]。社会支持的内容方面，家庭支持是面向残疾人的一种发展性服务，是指残疾人的家庭成员认为对其重要且缺失的支持[5]，通过可支配现金补贴、保险等经济援助和医疗补助政策等其他方式，提升家庭成员照顾残疾人的能力，除了传统的康复治疗和医疗保健服务外，家庭支持还包括喘息服务、居家协助、环境适应、家庭咨询与家庭培训等核心服务[6]，其目标是帮助孤独症家庭应对照顾压力，同时帮助他们建立现有的优势和资源，是心智障碍者保护体系中不可缺少的组成部分。目

[1] Harris S A, Dunst C J, Trivette C M & Deal A G. *Enabling and empowering families: Principles and guidelines for practice*[M]. Cambridge, MA: Brookline Books, 1989.

[2] 满小欧，李月娥．西方困境儿童家庭支持福利制度模式探析[J]．北京社会科学，2015(11)：117-122.

[3] 刘佰桥．我国特殊儿童家庭的社会支持研究进展[J]．绥化学院学报，2017,37(04)：140-143.2

[4] 李学会，赵康．孤独症家庭的社会支持现状与社会服务需求：基于509位家长的调查[J]．社会福利（理论版），2019(03)：54-60.

[5] Chiu C Y, Turnbull A P, Summers J A. What families need: validation of the family needs assessment for Taiwanese families of children with intellectual disability and developmental delay[J]. *Research & Practice for Persons with Severe Disabilities*, 2013, 38(4):247-258.

[6] Knoll J A. Family support services in the United States: an end of decade status report[J]. *Agency Cooperation*, 1990.

前孤独症儿童家庭所获得的社会支持中，客观的支持包括经济支持、专业技术指导上的支持相对比较丰富，而主观性的支持如心理或情绪上的支持获得率比较低[1]，难以帮助家庭缓解压力。因此我国针对特殊困境儿童家庭的社会支持体系还需要进一步地调整和优化。

（三）心智障碍者家庭的社会支持完善研究

困境儿童家庭如何摆脱困境，建立家庭社会支持体系，许多学者对此进行了研究。

社会支持的主体层面，黄晓燕从家庭支持视角对四川地区的困境儿童家庭支持进行分析，认为只有通过国家、社区、家庭三层面的融合支持，才能为困境儿童提供最有效的服务[2]。针对目前心智障碍者家庭的困境，李豪豪等认为要构建以政府、企业、社区、高校为主体的社会支持体系，为孤独症家庭提供多元多面的支持服务[3]。王来宾认为要从政府、民间群体组织、个体支持三方面为心智障碍青少年搭建积极型家庭支持框架，认可家庭照顾的社会价值，保证家庭功能的发挥[4]。为孤独症群体家庭提供更加系统、高质量的社会服务，刘鹏程等肯定了家庭内部支持对孤独症患者的作用，强调需要对目前的社会支持体系做适当的调整，核心是家庭的内部支持，要发挥亲友、社区等关系网络的支持作用，以此建立一个"理想型"家庭支持体系[5]，以保障孤独症群体的稳定发展、促进家庭复原力的提升，最终带动和谐、公平的社会理念得到落实和完善。倪赤丹等也提出要通过家庭干预、家庭公共政策建设等方面构建家庭内部支持网，帮助孤独症家庭有效挖掘资源、增强家庭凝聚力和抵御生活风险的能力[6]。

[1] 倪赤丹，苏敏. 自闭症儿童家庭支持网的"理想模型"及其构建——对深圳120个自闭症儿童家庭的实证分析[J]. 社会工作，2012(09)：44-48.
[2] 黄晓燕. 家庭支持视角下的困境儿童服务融合路径探讨[J]. 中国民政，2015(19)：26-28.
[3] 李豪豪，沈亦骏，杨翠迎. 自闭症家庭的困境及社会支持体系构建——基于上海市的调研[J]. 社会保障研究，2020(06)：37-47.
[4] 王来宾. 以积极福利政策服务心智障碍者家庭——基于社会支持理论分析[J]. 绥化学院学报，2019，39(10)：138-144.
[5] 刘鹏程，刘金荣. 自闭症群体的家庭需求与支持体系构建[J]. 学术交流，2018(08)：113-121.
[6] 倪赤丹，苏敏. 自闭症儿童家庭支持网的"理想模型"及其构建——对深圳120个自闭症儿童家庭的实证分析[J]. 社会工作，2012(09)：44-48.

社会支持的内容层面，吴伟等认为困境儿童提供免费康复训练与专业社工服务在内的喘息服务是一种有效的社会支持服务，免费康复训练能为家庭提供康复支持与经济支持，专业社工为照顾者开展的喘息服务能为家庭提供社会网络支持与心理支持[1]，进而提升家庭复原力，这与黄晓燕提出的家庭层面的支持一致。满小欧等提出要以"家庭本位"为制度设计核心来构建我国困境儿童家庭支持福利体系，这一支持体系需要以预防为发展导向，在实施津贴补助、税收减免等现金救助的基础上，加强为困境家庭提供多元主体的支持性服务[2]，从而为心智障碍群体提供更多元、充足的社会支持服务需要，为心智障碍家长组织的行动创造空间[3]。侯晶晶提出残疾儿童家庭的支持对策包括以更精准的支持缓解残疾儿童父母的经济压力，提升残疾儿童父母心理健康水平，以及注重残疾儿童家庭教育的时代性与家校协同全面育人。

（四）研究述评

综合以上内容，可以发现我国对于心智障碍者家庭的社会支持方面的研究，需要在以下方面改进：

1. 重小龄轻大龄。现有研究的研究对象多为低龄儿童时期的家庭，缺乏对心智障碍青少年家庭支持体系的研究，而大龄心智障碍青少年面临着政策缺失、家庭支持不足的困境，家庭支持现状亟须改善。

2. 重学理轻实证。现有研究多基于文献和实践观察，进行客观描述、外部观察和学理分析，实证研究不足。研究多来自文本研究且停留在经验观察阶段，集中于现状描述和问题呈现，缺乏实证研究，未能全面反映实际情况。文本研究固然重要，但是需要实际数据作为支撑，实证研究十分有必要。

3. 重对策轻现状。现有研究多提出对策建议，缺乏对心智障碍者家庭的社会支持现状研究。对策建议基于对社会支持现状的调研数据反馈所得才更有可

[1] 吴伟, 刘宝臣. 社会支持理论下社会工作介入喘息服务的研究 —— 以 S 市困境儿童家庭喘息服务项目为例 [J]. 重庆师范大学学报（社会科学版）, 2021 (01): 54-62.
[2] 满小欧, 王作宝. 从"传统福利"到"积极福利"：我国困境儿童家庭支持福利体系构建研究 [J]. 东北大学学报（社会科学版）, 2016, 18 (02): 173-178.
[3] 李学会, 张凤琼. 心智障碍者的权益保障：家庭视角的审视 [J]. 西南政法大学学报, 2018, 20 (05): 58-65.

操作性。

4.重单一维度轻全面维度。现有研究多根据具体调查内容形成分析框架，研究社会支持的主体或内容，缺乏宏观体系的分析框架，从而缺乏对社会支持的全面研究。

三、本研究的分析框架

Thoits[1]、Baron 等[2]按照社会支持的性质把它分为工具性支持（物资、金钱、时间和服务等）和情感性支持（理解、关心、爱和信任等）两种。张友琴根据社会支持的主体性质，将其划分为两大类，即正式的社会支持和非正式的社会支持。前者指来自政府、社会正式组织的各种制度性支持，主要是由政府行政部门，如各级社会保障和民政部门，以及准行政部门的社会团体，如工会、共青团、妇联等实施；后者则主要指来自社区、社会组织以及亲朋邻里的支持。基于社会支持主体和内容两个维度，本研究将社会支持划分为四种类型：第一类支持为正式的工具性支持；第二类支持为正式的情感性支持；第三类支持为非正式的工具性支持；第四类支持为非正式的情感性支持。其中第一类、第三类和第四类支持是本研究的重点。

基于此，可将心智障碍青少年家庭的社会支持体系研究分为四个维度进行。如表1-1所示：

表1-1 本研究的分析框架

一	工具性	情感性
正式	心智障碍青少年家庭的经济负担和经济支持体系	心智障碍青少年家庭的社会参与和社会环境支持
非正式	心智障碍青少年家庭的照料负担和康复服务支持体系	心智障碍青少年家庭的精神压力和心理健康支持体系

[1] Thoits P A. Life stress, social support, and psychological vulnerability: epidemiological considerations.[J]. *Journal of Community Psychology*,1982,10(4).
[2] Baron R S,Cutrona C E,Hicklin D,Russell D W,Lubaroff D M. Social support and immune function among spouses of cancer patients.[J]. *Journal of Personality and Social Psychology*,1990,59(2).

四、研究方法

（一）具体研究方法

本研究采用质性研究方法全面细致地对心智障碍青少年家庭所获得的社会支持进行调查、归纳和分析，发现心智障碍青少年家庭所获得的社会支持现状和现有不足，对构建心智障碍青少年家庭社会支持体系提出建议。

（二）招募和抽样过程

本研究采用目的性抽样方法。选取武汉市两家心智障碍青少年服务机构 M 和 S 的 23 位心智障碍青少年家属进行两次结构式访谈与一次非结构式访谈。对访谈数据的使用经过服务机构和心智障碍青少年家属同意，为保护隐私，我们用编号指代研究对象，编号由英文字母和阿拉伯数字组成，其中 M 指心智障碍青少年的妈妈，F 指心智障碍青少年的爸爸，阿拉伯数字是根据访谈时间排序形成的。

表 1-2　访谈样本信息表

编号	性别	年龄	文化程度	职业	与心智障碍者的关系	心智障碍者年龄	心智障碍类型	心智障碍程度
M1	女	44	初中	全职主妇	母亲	18	孤独症	中度
M2	女	45	高中	普通工人	母亲	19	孤独症	中度
M3	女	48	高中	孤独症机构创始人	母亲	20	孤独症	重度
F1	男	49	高中	普通工人	父亲	18	智力障碍	重度
F2	男	47	初中	个体户	父亲	17	智力障碍	重度
M4	女	58	高中	普通工人	母亲	25	孤独症	轻度
M5	女	47	初中	全职主妇	母亲	21	孤独症	中度
F3	男	50	初中	普通工人	父亲	20	孤独症	中度
M6	女	53	初中	全职主妇	母亲	14	孤独症	轻度
M7	女	50	大学	国企职员	母亲	20	孤独症	轻度
M8	女	43	大专	会计	母亲	10	孤独症	—
M9	女	50	高中	个体经营	母亲	21	智力障碍	中度

编号	性别	年龄	文化程度	职业	与心智障碍者的关系	心智障碍者年龄	心智障碍类型	心智障碍程度
F4	男	41	高中	司机	父亲	8	孤独症	—
M10	女	37	研究生	金融从业者	母亲	9	孤独症	—
M11	女	49	大专	全职主妇	母亲	18	孤独症	—
F5	男	47	大专	厨师	父亲	14	孤独症	—
G1	男	64	高中	退休	爷爷	9	孤独症	中度
M12	女	41	本科	全职主妇	母亲	16	孤独症	重度
M13	女	47	初中	个体经营	母亲	13	孤独症	—
M14	女	—	—	全职主妇	母亲	14	孤独症	—
M15	女	—	—	康复老师	母亲	22	孤独症	—
F6	男	—	—	企业职工	父亲	21	孤独症	重度
M16	女	—	—	花店店长	母亲	19	孤独症	中度

（三）数据收集

运用访谈法，采用结构式访谈和非结构式访谈相结合的方式，主要以服务机构的心智障碍青少年家属为对象进行深度访谈。根据心智障碍青少年家庭生活现状以及所研究的问题设置访谈提纲并进行结构式访谈。同时，运用非结构式访谈的方法对调查对象进行访谈，访谈内容主要为心智障碍青少年家庭面临的困难、特殊服务需求以及多方面家庭支持，倾听他们的心声。根据访谈的结果，分析心智障碍青少年家庭所获得的社会支持与社会支持的不足之处，并提出建议。

运用文本分析法，收集、整理和分析现有关于心智障碍青少年家庭支持的相关调查数据与调查报告，服务机构公众号发布内容，心智障碍青少年家属朋友圈发布内容，获取相关文本资料。

（四）数据分析

采用扎根理论研究的一般流程，基于确定的研究问题和文献研究，对原始文本资料进行分析归纳。通过开放编码、主轴编码、选择性编码，逐步将访谈文本信息提炼、概括。

原始访谈文本由研究者根据访谈录像与录音逐字转出，修改完善记录疏漏和空白后由服务机构负责人确认受访者基本信息，完成原始文本的准备工作。通过列思维导图与三级编码的形式，对访谈中反复出现的话题内容进行概念化，确定研究主题为"心智障碍青少年家庭的社会支持"，对三级编码进行进一步整理与分析得出研究框架，从"经济负担和经济支持体系—照料负担和康复服务支持体系—精神压力和心理健康支持体系—社会参与和社会环境支持体系"四个维度对心智障碍青少年家庭的社会支持体系进行研究。

数据编码者共有四人，数据经过三角验证，信度较高。

第二章　心智障碍青少年家庭的经济负担和经济支持体系

一、心智障碍青少年家庭的经济负担及获得的经济支持

（一）心智障碍青少年家庭的经济现状

1. 家庭支出负担沉重

心智障碍可以治疗但无法治愈，需终身康复，康复战线长，时间跨度大，需要家庭持续不断地投入资源。本次研究发现，心智障碍青少年家庭为使孩子尽可能健康成长，提升康复效果，医疗干预和教育支出方面支出大，为主要支出压力来源。

一方面，心智障碍青少年的治疗、康复费用高昂。家长需要去医院治疗、康复机构康复，医疗费用和康复费用支出巨大。

"孩子确诊后我们就去了省妇幼，每个月一万三，那个时候也是个不小的花费了。后来我们去了武汉儿童医院、博仁私人医院、武汉启慧、麟洁孤独症儿童康复中心，每月大概四五千，还去北京做了好几次手术，总花费也上百万了。"（访谈样本 M13）

家长会尝试各种训练方法，而每一种训练都需要支出费用，长时间下来，家庭的经济负担沉重。除了常规的感觉统合训练、高压氧舱、针灸治疗、语言

治疗等治疗方式，还有许多家长需要支付心理干预、聘请家教等费用。且目前许多心智障碍康复机构多为民办机构，康复费用较高。

孤独症患者家庭对儿童时期的康复训练抱有很大的期望，所有知道的康复方法都会尽自己所能去尝试，希望孩子能尽量康复成正常人。在这一阶段家里的积蓄就已经花得差不多了，后期的经济压力就越来越大了。

"治疗孤独症真的就是拿火烧钱，我和他爸爸都是那种不愿意向别人伸手要钱的人，我们没有向别人借过钱。说出来不怕你笑话，我们家最困难的时候真的吃不起饭，我只好一大早去菜市场捡别人不要的菜回家吃。"（访谈样本M11）

心智障碍青少年的教育支出主要是特殊教育支出，但是由于目前特殊教育机构大多为民办，费用较高，很多家庭无力承担学费，选择自己在家教育孩子。

"孩子一直就我们在家里自己带，因为我们也承担不起这方面的学费，毕竟像我们家庭多半的模式都是爸爸一个人上班，妈妈在家里都是专职带孩子，所以一个人上班三个人吃，是负担不起的。"（访谈样本M1）

2.家庭收入无法支撑

本研究发现，心智障碍青少年家庭中，一般情况下至少有一人由于要照顾心智障碍子女和家庭而被迫退出劳动市场，无法工作或者无法全职工作，家庭收入减少。且照顾者大多为母亲，家庭的经济来源全部依靠父亲。

"主要是经济方面压力大，我自己一个人上班有工资，他妈妈因为照顾他，大概十几年都没工作。"（访谈样本F3）

"经济方面我们得到外在的其他支持很少，就靠他爸爸一个人工作工资是有限的，我们之前每个月要支付大几千块钱的康复费用。"（访谈样本M13）

此外，一些突发性、社会性原因也会导致家庭收入减少。2019年年末暴发的新冠疫情也对心智障碍青少年家庭收入造成一定影响，疫情导致的失业及部分行业经济下滑使家庭收入再次减少。

"我现在也没工作了，疫情以后我就没工作了，暂时在家带老二。他妈妈

照顾老大……疫情之后，私营生意不好，企业已经维持不下去了，疫情以后就维持不下去了。"（访谈样本 M2）

3. 入不敷出的影响因素

（1）心智障碍青少年的教育过程家长需要陪读

访谈中部分家长表示，孩子曾在幼儿园、小学、辅读学校、特殊教育学校、民办康复机构等接受教育，教育支出较高，而那些较少接受学校和机构教育的孩子教育支出就较少。且部分学校需要家长陪读，陪读亦会导致家庭收入减少，加重经济负担。

"我儿子的康复走了一个很大的弯路，我之前也去过很多机构，花了很多钱和时间。"（访谈样本 M13）

"我们从幼儿园到小学到初中，一共 12 年教育，几乎都是我尽最大努力争取陪读然后完成下来的，所以在学校中遇到的困难我都经历过。"（访谈样本 M12）

（2）父母一方全职照料心智障碍青少年，经济负担大

在访谈调查中，心智障碍青少年家庭的家庭成员工作参与主要有以下类型：父母缩短工作时间型、父母一方自愿下岗型（多为母亲下岗）、弃高就低时间自由型（选择工资低但是时间自由的职业）以及少数单亲家庭单身父母挑重担型，极少部分家庭由于疫情原因父母双双下岗。以上几种类型家庭的成员参与工作率在某种程度上都低于正常家庭，直接影响家庭经济。

"孩子的妈妈原本是一名幼儿园老师，孩子被诊断出患有孤独症之后她就辞职了，她一直在家里带孩子，她还跟着孩子去学校上课。因为其他小孩子老是欺负他，他一个人在学校的话老师也管不住，所以她就一直陪读。孩子初中毕业之后实在跟不上了，一直在机构进行干预，一个月要花好几千块钱，家里就靠我一个人。好在后来他妈妈在机构找到了一个兼职的活，不然真的上不起。"（访谈样本 F3）

（3）外地康复成本更大

目前我国针对心智障碍青少年的康复机构数量少、康复水平不一，且多分

15

布在省会城市或者城市中的部分区域，部分城市和农村地区相关资源较少，因此很多家庭需要到外地，或者需要搬迁到机构所在地区进行康复训练，由此产生的房租和其他各类生活成本也成为支出中一大组成部分，在基本康复费用的基础上加大了经济压力。

"孩子两岁多就被诊断出孤独症了，当时医生建议我们带去广州治疗。我带着小孩子在广州租房子住了三四个月，一个月房租要一千多，训练费用要三千多，还有其他杂七杂八的费用，三四个月花了一两万，后来因为广州实在太贵了，离家也远，我们就回去了。孩子四岁多的时候我们就来了武汉，一直在武汉租房子住，除去他一直在机构里的康复费用，一个月租房子吃饭也要花不少钱了，日子一直过得紧巴巴的。"（访谈样本 M5）

"当时别人给我们推荐了一个北京的治疗机构，说是可以通过针灸对小孩子进行治疗，效果特别好。我就带着小孩子去北京治了半年，花了四五万吧，效果一般般，还欠了我姐姐钱，那段时间对我们来说压力真的挺大的。"（访谈样本 M2）

（二）心智障碍青少年家庭获得的经济支持

1. 政策支持：政府政策支持

目前心智障碍青少年家庭获得的正式支持主要来自政府。国家／地方政府层面的政策通过支持家庭来降低更高的后期成本，是能够改善困境家庭生活状况的根本性的政策。这些家庭支持一般可以采用给予津贴或者家庭税收减免的方式。还有对于儿童早期提供免费或低费的儿童照顾服务。

根据访谈内容，接受访谈的家庭目前主要享受到两项国家经济补助，分别为残疾人两项补贴和康复补贴。

2015 年国务院颁布了《关于全面建立困难残疾人生活补贴和重度残疾人护理补贴制度的意见》，明确规定对困难残疾人提供生活补贴，对重度残疾人提供护理补贴。据访谈家长表示，残联每个月都会发放 100 元的补贴。

"残疾人每个月有 100 块的补助，残疾人都有一张卡，每个月直接就打到卡里。"（访谈样本 M16）

全国对残疾儿童康复补助的年龄段主要有 0~6 岁和 7~17 岁两个阶段。大多数省份只为 0~6 岁残疾儿童提供康复救助补贴，北京、福建则针对贫困家庭的残疾儿童将补助年龄放宽到 14~15 岁，河北、上海、山东、山西、广西、海南、青海则将康复补贴的残疾儿童年龄延长至 17 岁。并且江苏、海南、青海的康复补贴金额是按照年龄段以不同标准发放的。2018 年 9 月，湖北省政府下发了《省人民政府关于印发湖北省残疾儿童康复救助制度的通知》，将该省残疾儿童康复救助范围扩大为 0~10 岁，全省 17 个市（州）将救助年龄扩至 14~15 岁。2019 年，武汉市江岸区残联发布《武汉市江岸区大龄孤独症居家生活技能及社区融合康复训练项目实施方案》，规定拥有武汉市江岸区户籍、15~20 岁的孤独症青少年向所在街道提出申请康复训练服务，并且每年有一万元的补贴。目前湖北省仅武汉市江岸区和武昌区将孤独症康复补贴扩展到 15~20 岁。

"ZZJ 现在每年还有江岸区的大龄孤独症康复训练补贴，每年一万块，这个政策目前武汉市还只有江岸区才有，还在试点阶段，不过它已经纳入'十四五'规划了。"（访谈样本 F6）

2. 非正式支持

（1）社会组织

社会组织在经济方面的支持主要是间接支持。

社会工作组织的经济支持主要表现为经济资源的链接。针对孤独症儿童家庭缺乏政策了解渠道问题，社工扮演宣传倡导角色，对国家政策进行宣传，保证实时性与普及性，并且充分利用相关政策帮助孤独症儿童及其家庭申请相关的资助，减轻其家庭经济负担。部分孤独症家庭因病致贫，社工扮演资源链接者角色，与政府部门、公益组织、福利服务机构等保持联系，争取孤独症儿童家庭所需要的社会资源，申请经济援助，将企业或爱心人士捐赠的物资对接到孤独症儿童家庭，缓解部分经济压力。慈善组织及基金会为此类家庭提供各类捐款与资助。

其他社会组织为有能力心智障碍青少年提供就业机会或资源，帮助其获取经济来源。例如，服务机构 M 在特定节日组织心智障碍青少年进行手工制品的制作与售卖，中秋节制作的手工月饼就由不少武汉市大型公司购买，作为福利发放给员工。不仅增加了心智障碍青少年家庭的经济收入，也可让更多人了解、认识此类特殊群体。

（2）家庭成员及社会关系网络

来自亲戚、朋辈等家庭成员、社会关系网络提供的经济支持是非正式经济支持中的重要组成部分，但由于不同家庭的家庭成员及社会关系网络经济水平与亲疏程度不同，其对心智障碍青少年的经济支持具有灵活性与不稳定性。目前来自家庭成员的经济支持大部分源于家中老人，部分为同辈支持。接受访谈的家庭中70%~80%都表示曾接受过来自老人的经济支持。

"说实话，没有大伯的救济，只是凭我，我们孩子肯定上不了这个学校。"（访谈样本F1）

"我们毕竟是工薪阶层，还是有点吃力，我们还养了老二，所以我们这种家庭，在靠父母，我们的生活费全部靠父母的退休费。"（访谈样本M4）

（3）社区

社区层面的经济支持目前主要是指社区居委会为孤独症患者家庭提供信息、物资和经济补贴，以及免费为康复机构提供训练场地。据访谈了解，L社区党群服务中心为服务机构M提供了免费的乐器排练场所，减少了服务机构M的经济支出，也间接减少了家庭的经济支出，缓解了部分家庭经济压力。社区也会定期在节假日为心智障碍青少年家庭提供津贴补助，缓解了经济压力；或者是定位手表等必要的辅助设施，保障其人身安全，让家庭放心。针对此类青少年就业难问题，社区为这一群体提供图书管理员、物业管理等公益性就业岗位，通过自身努力创造社会财富，帮助心智障碍青少年自立自强。

"社区对我们这些孩子的支持是真的挺不错的，所有能想到的事社区都已经做了。把社区里三百多平方米的活动室免费借给我们训练，我们租社区里的这些场地，社区主动和城管、派出所等部门联系；平时也会给这些孩子送防疫物资和生活物资，只要社区有，他们就会优先给我们。"（访谈样本F6）

"逢年过节的时候社区居委会都会给我们家送点福利，如米面粮油、过节

费等。"（访谈样本 F3）

二、心智障碍青少年家庭经济支持面临的问题

（一）多聚焦残疾人个体，对残疾人家庭支持较低

目前，心智障碍青少年家庭面临着沉重的经济负担，但所获得的关注度与经济支持却非常有限。我国现有的残疾儿童福利政策都是针对残疾儿童本身，对于家庭的支持仅仅在一部分残疾儿童福利政策和服务中涉及，没有专门关于残疾儿童家庭的支持政策出台，残疾儿童福利政策缺乏家庭视角。

在我国，生活在原生家庭中的残疾儿童几乎由家庭承担全部的抚养、照料责任。这给残疾儿童家庭带来的重要影响是，家长忙于照顾家庭，分身乏术，根本无法从事生产劳动。对于贫困家庭和普通家庭来说，收入水平本来就不高，而孩子身患残疾需要支付大量的医疗、康复费用，家庭经济压力大。

（二）社会保障机制不健全，政策支持效果有待提高

现阶段政府还没有建立起完善的社会保障政策体系和服务体系，我国针对心智障碍青少年的保障是一种"补缺型"而不是"制度型"保障，福利政策和服务普惠性不足，难以满足此类家庭的经济需求，家庭承受着巨大的负担。

第一，补贴年龄限制大，福利覆盖面窄。

我国针对心智障碍者的经济支持局限于儿童时期的康复补贴。残疾儿童康复补贴的年龄范围不同。全国15岁以上的残疾者康复救助存在政策断层，特别是针对他们的生活、教育、医疗、就业等各层面的救助政策和保障制度滞后。调查中，某位家长阐述了孩子接受的经济补贴和希望。如访谈中一位14岁孤独症儿童的家长反映：

"孩子现在14岁，还有武汉市的残疾人康复补贴，每年一万六直接给到康复机构，我自己再掏一部分钱来支付康复费用，但是马上就要到期了，我们也希望能够续上。"（访谈样本 M16)

武汉市江岸区针对大龄心智障碍青少年的补贴最大覆盖到20周岁，据访谈内容，许多大龄心智障碍青少年将要超出或者已经超出了政府规定的补助申领

年龄，其家长透露出对孩子能否有资金支持继续在机构中康复以及未来生活保障的担忧，期望国家能够放宽补助的年龄限制。

"国家能不能在孤独症康复补助方面把年龄放宽一点，现在办到 20 岁，一年一万块钱，我每个月还得自费 2000 多元，我们的经济负担还是蛮重的。目前只有江岸区到 20 岁，我的小孩现在已经 18 岁了，最多还有两年，我们现在就想我的孩子满 20 岁以后，20 多岁、30 岁、40 岁怎么办？难道我就在家里带着他，我也将老去，我是越来越感觉跟不上，所以我也希望政府能够把年龄放宽一点，这就是我们作为家长的一个小小的要求。"（访谈样本 M1）

第二，补贴金额有限，孤独症儿童的康复费用高昂，虽然有相关政策对此进行减免与补贴，但相比低龄孤独症儿童的补贴政策力度却十分微薄，对于孤独症儿童家庭而言仅仅是杯水车薪。补贴不足以满足家庭经济需求。通过对比发现，残疾儿童康复训练的资助金额不统一。各省市政府根据本地财力状况、保障对象数量、残疾类别等，分类确定康复救助基本服务项目的经费保障标准。各省市残疾儿童康复补贴均由各地政府统一拨款。湖北省康复训练类救助标准为 0~6 岁不低于 1.6 万元 / 人·年，7~10 岁不低于 1 万元 / 人·年。大多数省份都将补贴标准定在 1.2 万 ~2 万元 / 人·年。仅有北京、吉林、浙江、海南的残疾儿童康复补贴达到每年每人 2 万元以上。

残疾儿童康复训练的内容不统一。各省市地区的孤独症儿童康复训练工作，均由当地政府指定的孤独症儿童定点康复机构负责。大多数康复医疗机构都为孤独症儿童开设了交往训练、言语沟通训练、认知训练、生活自理能力训练等课程，通过这些基础的康复训练提高孤独症儿童的认知能力、语言理解及表达能力、社会交往能力和生活自理能力。

本研究发现，针对大龄心智障碍青少年以及家庭的补贴金额有限，主要集中在康复训练上，且即便在康复训练上的补贴亦不能完全弥补高昂的康复训练费用。

"国家现在补助的是一年一万块钱，虽然这个金额对于我们来说比较少，但至少还是帮我们解决了一部分的钱。"（访谈样本 M1）

"政策规定，0～14岁的孩子有两万的补贴额度，但实际达不到两万，是按八折来发放的。为什么打八折？如果孩子在没有医保的情况下，可以拿到两万元补贴；可要是孩子用医保的话，就是打八折后的金额了。家长们在带孩子做每个康复项目的时候就会发现，这个经费是杯水车薪，还不包含交通方面；还有我们这些家长为了照顾孩子做康复，不得不放弃工作。而且我们家长也需要养老，自己上缴医保和社保费用。"（访谈样本M12)

对于孤独症儿童及其家庭来说，现在主要通过康复救助制度获得补贴，面对每月都需要支付的额外康复费用、生活开销等，孤独症儿童及家庭仅靠康复救助制度的补贴依旧面临着较大的经济压力。有许多家庭因无力承担康复费用而被迫放弃对孩子进行干预，也有的家庭选择了"游击战"的方式，有钱时就将孩子送来学习，没钱时只好暂停课程。

"我女儿的情况特别严重，她是不会讲话的，加上我家里还有一个老二要吃饭，我还下岗了，她妈妈也一直没上班在家里带她，所以家里目前就是啃老，全靠用她爷爷奶奶的社保。中间一段时间，我们没办法带孩子去机构，但还好有个好大伯，现在她大伯一个月给我们一万块钱给她治疗，要不然她的情况会更严重，我们也完全负担不起。"（访谈样本F6）

"我和她妈妈都是做点小生意的，在我们那边有个小店面卖劳保用品，所以一直没什么钱。她小时候就去机构康复过几个月，但是我们家实在出不起这个钱，我就回来自己慢慢想办法教她。现在江岸区正好有个政策可以发补贴，我们也只是周末带她过来玩一下，便宜一点，一个月还要交一千多块钱。"（访谈样本F2）

第三，政策存在地域差异、年龄范围差别及享受待遇条件限定不足等问题，加之孤独症儿童相关政策并不具有普惠性，有户籍、年龄等诸多限制，甚至还受申领流程复杂等因素影响，大多数家长对此并不知情，并未对此进行申请。由于政策受益对象限定不足，很多孩子无法享受补贴，也有家长出于孩子名声或是出于其他考虑并未申请补贴，经济压力十分沉重。目前武汉市江岸区和武昌区的孤独症儿童康复补贴已扩大到15~20岁，但区级政策规定有限制，无法跨区享受补贴，非本区户籍的需自费。在此次访谈调查中，两名孤独症青少年由于年龄限制、一名孤独症青少年由于户籍限制而无法享受此项政策，训练所需费用均由家庭全额支出。

"我不知道该怎么办，因为没有大龄补贴。好像我身边都是正常的孩子，没有这种孩子，社区当时也说我们这里没有，我们在汉阳区。"（访谈样本M2）

"我们是住在洪山区的，大龄补贴那个政策是只有江岸区才有，补贴政策现在还在试点阶段，希望未来可以扩展到整个武汉市吧。"（访谈样本F3）

第四，兜底保障政策不够精准化，落实过程存在问题。

根据访谈内容，目前武汉市并没有出台明确的针对18岁以上作为独立公民的心智障碍青少年的低保政策。且一般低保政策与家庭整体经济状况挂钩，由于曾有人举报个别家庭存在经济水平高但是享受政府低保的情况，政府直接将申保条件"一刀切"，导致很多家庭无法继续合理享受低保。接受访谈的家长迫切希望国家出台针对性的低保政策，将年满18岁的心智障碍青少年作为独立公民单独施保，以维持其未来生活。

"孩子刚刚满18岁的时候，我也到我们社区去问了，我说想申请社保低保，他就问父母的房子有多大，父母每个月工资多少？我在听肯定不够格……我希望他可以领取低保，他有份工资可以维持生活。我的理解是不管小孩家里多富有，都应该给他一份低保，因为他18岁以后是一个独立人。"（访谈样本M2）

"如果说他能够有一份低保，哪怕是一份微不足道的低保，也能够保障他最基本的生活来源。我想我相信身边的亲朋好友也不会去抛弃他，即使父母不在了，起码他有一份工资或者是低保，别人不会去抛弃他，可以养得起他。"（访谈样本M4）

（三）政府为主要支持者，社会力量提供经济支持不足

目前，针对大龄心智障碍青少年家庭的经济支持主体、筹资渠道较为单一，主要依靠政府筹资、慈善组织及基金会资助，部分专门从事心智障碍康复的机

构，如服务机构 M，以组织心智障碍青少年进行手工制品的制作与售卖、降低学费等形式对此类家庭给予间接经济支持，但是除此之外没有广泛调动社会其他部门和人士的积极性，部分爱心人士、大型公司对手工制品的购买也只能起到一时的微薄作用，总体来说社会参与度低、不稳定且不成体系。访谈过程中，在问及家庭所获得的经济支持来源时，受访者均未主动提及社会力量支持。

（四）社区支持有限，支持意识与能力亟待提升

受不同地区经济发展水平和观念影响，以社区为依托的经济支持并没有大范围建立。据访谈内容，社区对部分心智障碍青少年家庭关注度、了解度不够，部分家庭未能从社区获得有效的信息。且如今社区为心智障碍儿童家庭提供的支持，主要表现为节假日开展物资慰问和举办一定的文娱活动，社区提供的成体系的经济帮助较少。

"我们需要社工，现在好多地方都在社区服务里面引入社工，但他们这些社工，有没有涉及这一块，我们都是未知的。"（访谈样本 M12）

三、健全心智障碍青少年家庭经济支持体系的举措

（一）聚焦家庭，以家庭为单位提供经济支持

根据家庭系统理论，家庭的子系统以及家庭成员之间都存在互相联系和制约的关系。家庭的经济状况会直接影响到心智障碍青少年的康复与身心发展。所以，对心智障碍青少年的经济支持应从"以心智障碍者本人为中心"向"以心智障碍者家庭为中心"转型，不仅要考虑心智障碍青少年本身，更要关注其所在的家庭，逐步为其家庭提供更多的支持。家庭不仅是照顾心智障碍青少年的付出者，也应该是社会政策的受益者。要制定以家庭为中心的家庭经济支持政策体系，对照顾者给予家庭津贴，一方面是对家庭成员长期照顾和支持的肯定；另一方面也能够缓解家庭的经济压力和照顾压力。

根据家庭福利理念，可以参考经合组织国家根据残疾儿童对家庭收入、家庭结构、家庭负担、家庭发展的影响来制定补贴的标准，除了针对心智障碍青少年的普惠性经济支持，还拓展了照料补贴和误工补贴等。照料补贴可以看作

政府通过购买家庭资源为心智障碍青少年提供照料服务，误工补贴则是给予家长因照料心智障碍青少年而不能外出工作的经济补偿。

（二）政府主导，完善制度安排形成常态化供给

强化政府责任，整合碎片化、地区化的经济补助政策与制度。完善政策，将14岁以上的残障青少年纳入补贴范围，逐步扩展到市级层面，可以跨区享受补贴。通过将心智障碍者家庭作为主体纳入经济救助政策中来、拓宽家庭补助覆盖范围、制定专项救助与监管政策、建立健全相关法律保障等方式，形成针对性、成体系的经济支持制度，确保政府对心智障碍青少年家庭经济支持常态化。

（三）社会协同，提高心智障碍青少年家庭经济支持的社会化水平

应大力宣传、提高社会各界对心智障碍青少年及家庭的认识程度，鼓励社会各界力量参与经济支持体系中去，充分发挥公民大众、非营利机构、社会组织、公司等社会力量，扩充经费来源进行直接经济支持或通过吸纳心智障碍青少年及其家庭成员就业等方式进行间接经济支持。可以借助互联网平台，整合公募基金会、互联网公募平台、专业公益组织及其他爱心力量，多方资源联动，"联合发起、联合倡导、联合行动"，形成以政府投入为主体，专项救助资金做保障，社会捐助为辅助的家庭经济支持体系。

（四）发挥基层作用，提高社区支持能力和水平

社区应提高对心智障碍者家庭的关注度与了解度，进行充分的社区调研，做好社区内常住与流动心智障碍青少年家庭的信息收集，了解社区内特殊儿童家庭的需求。社区助残工作蕴含巨大的潜力，可通过提升社区在康复服务、日常照料、资源链接等方面的支持能力与水平，缓解心智障碍青少年家庭的经济压力。

第一，社区可以就近为心智障碍青少年提供便捷的康复服务，建立社区康复室、配备康复设施、专业人员，缓解其在康复方面的经济压力；第二，社区工作人员及残疾人协管员、志愿者以及社区内的非营利组织可以以社区为基地，开展喘息服务和日间照料服务，缓解心智障碍青少年家长的照料负担，为家长留出工作时间；第三，发挥社会在链接资源、资讯提供方面的能力，帮助此类

家庭及时了解各项补助政策及补助获取渠道，协助家长办理各类康复补贴、残疾证、低保等申请手续，帮助心智障碍青少年获得康复支持和经济支持。

本章小结

目前，大部分心智障碍青少年家庭的经济负担较重。

收支方面入不敷出，医疗干预与教育支出方面负担沉重，而由于家庭成员工作参与率较低以及其他突发性、社会性原因家庭收入较少。心智障碍青少年年龄、受教育程度及个人身体禀赋与家庭成员工作参与率作为内部因素影响家庭经济。

国家的补贴政策与低保政策在一定程度上缓解了此类家庭的经济压力，但是仍有不足。所获经济支持主要来自政府的正式支持和包括社会组织、家庭成员及社会关系网络和社区等在内的非正式支持，非正式支持呈现出一定不稳定性。

由于目前外部经济支持多聚焦残疾人个体，对残疾人家庭支持较低；社会保障机制不健全，社会保障效果有待提高；政府为主要支持者，社会力量提供经济支持有限；社区支持有限等原因，心智障碍青少年所获得外部支持总体来说较少且未形成长效供给。

因此，整合福利资源，从不同主体出发，各主体联动，汇聚社会整体力量形成心智障碍者家庭的经济支持体系十分重要。第一，聚焦家庭，以家庭为单位提供经济支持。引入家庭视角，关注家庭整体的经济状况。第二，政府主导，完善制度安排形成常态化供给。第三，社会协同，提高心智障碍青少年家庭经济支持的社会化水平。第四，发挥基层作用，提高社区支持能力和水平。

第三章 心智障碍青少年家庭的照料负担和康复服务支持体系

一、心智障碍青少年家庭的照料负担及获得的支持现状

(一)心智障碍青少年的家庭照料现状

1. 家庭照料分工失调

由于社会文化和母亲特殊的角色,心智障碍者家庭中出现明显的性别分工现象,大部分家庭中母亲承担照顾心智障碍孩子的责任,父亲则承担起家庭的经济支柱角色,残疾人居家照顾存在人力不足的问题。访谈样本中编号 M14 和 M16 都是心智障碍青少年的母亲,承担了主要的照顾任务,针对自己的家庭照顾结构,她们表示:

"他爸爸在国企上班,来回要三四个小时,他就住在公司里面,每周五晚上回来,只有周末在家,我就负责照顾两个孩子。"(访谈样本 M14)

"这么多年都是我自己来照顾的,现在长大了还好,情绪也能控制。孩子爸爸要上班,他下班了还有应酬,我们都睡觉了他才回来,他没有时间也没有耐心照顾孩子。我认识的家庭基本上都是妈妈照顾孩子,爸爸照顾孩子的情形很少。"(访谈样本 M16)

母亲独自承担照顾责任,艰难且疲惫,仍坚强支撑。但家庭成员的缺位不

利于家庭关系和谐，难以发挥家庭教育最佳功能，影响孩子康复效果。

"孩子一直都是我在管，孩子他爸爸也不在身边，遇到问题的话也是我一个人想办法解决，这么多年咬咬牙也撑过来了。"（访谈样本M5）

"我买断工龄退休之后就一直在家带小孩，孩子爸爸去广东打工了，他一个人在外地也累，我也不想给他再增加烦恼，有什么事情都是我自己一个人去做。虽然我累了点，但也让他一个人在外面放心点。"（访谈样本M4）

2.家庭照料的困难

（1）精神压力大，情绪问题会影响家庭教育

家长在心理压力大的情况下，难以控制自己的情绪而采取错误的暴力教育方式。在得知孩子患有心智障碍后，不少家长无法接受这个现实，无法及时对心态进行调整，因此陷入了情绪怪圈中，终日紧张焦虑，互相埋怨导致家庭内部关系遭到破坏，严重的甚至会导致家庭的破裂。加上长时间的重复训练使得心智障碍青少年家长逐渐丧失一开始的热情与期待，在训练效果与心理预期产生较大差距时，更让家长变得消极，难以使用积极的态度来面对困境。长期处于这样的负面情绪之下，又很少有合理的渠道进行释放，心智障碍青少年家庭犹如被压在"五指山"下，背负着沉重的内心压力而难以脱身，情绪难以自控而采取简单粗暴的暴力控制的教育方式。

"一开始我们家都是不能接受的，家里天天吵架，后来情况稍微好了点，我爸爸妈妈就催我们生了二孩，但现在想想确实是对两个孩子都不太公平，老二未来负担也很大，老大本来就需要关注还关注没到位。"（访谈样本F1）

"我老家有三个孩子，都是20多岁，现在都是只能晚上出来，白天是不能出来的。孩子走几步遇到厕所就进去了，发现就去弄，家长用这么重的棍子跟着打，真的就是跟着打，没办法只能打，打了之后你能改变这个事情吗？"（访谈样本M3）

（2）家庭教育困难，家长缺乏知识

由于民营机构康复费用许多家庭难以负担，公办机构资源紧张且存在诸多

限制，目前大部分心智障碍青少年仍然是以家庭教育为主。家庭成员作为心智障碍青少年的主要照顾者和监护者，其行为方式和教育模式直接影响到心智障碍者康复、社会融合的程度。但大部分家长在康复初期完全没有相关专业知识的储备，并没有受过相关的专业培训，教育理念和教育思路难以改变，大部分家庭教育缺乏对心智障碍者正确认知和相关训练方法。加之对心智障碍孩子的抚养和教育过程更为复杂，缺乏针对性的亲子教育可能导致家长对心智障碍孩子的干预无效，甚至适得其反。

"我们家庭比较困难，都是我在家自己照顾小孩的，说实话现在小孩子情况还是不好。有时候你不给她一个指示说让她喝水，杯子就是放在她前面，她自己都不知道喝，恢复得不是很好。"（访谈样本 F2）

"原来我们不知道有这种康复机构，在辅读学校放了寒暑假后就把孩子领回家自己带，但是我们也不会什么技巧。有的时候一个暑假下来，孩子在学校里原本还可以的，回家之后反而退步了。"（访谈样本 M2）

3. 家庭照料的风险

（1）因照顾者的年龄增长、生病、意外事故等造成的照顾缺失风险

随着时间的推移，心智障碍青少年逐渐成长而其父母也逐渐老去，照顾者没有足够的精力和能力来照顾孩子，他们自身面临养老问题，整个家庭的经济能力也随之减退，心智障碍青少年面临照料缺失及康复中断风险。同时在家庭照护下，照顾者由于不幸自身突发疾病或遭遇意外事故也会导致心智障碍青少年照料缺失，需要外界社会力量支持。

"说实话，我儿子现在已经18岁了，一米八多，他是一个大小伙子，他爸爸平时都拉不动他，更别提我了。我们总会老的，那以后小孩子怎么办啊。"（访谈样本 M2）

"虽然我是全职照顾，但是我一旦有了重病，在医院一动不能动，那这样的孩子就没人管。所以说需要社工，现在好多地方都引入社工到社区里面，但这些社工里面有没有涉及这一块，我们都是未知的，所以往哪个方向发展，像Z老师负责的机构，其实很需要社会工作和心理工作来做支持；如果不支持的话，

他们整个人就会紊乱，像机构这边可能会在半路天折做不下去。每个孩子的脾气是不一样的，老师的压力也很大，所以如果支持不够的话，很多东西就会难产，最后就没有人可以接手了。"（访谈样本 M12）

（2）父母婚姻关系破裂造成心智障碍青少年康复中断风险

除家庭教育方式外，家庭的稳定状况同样会影响青少年正常发展。家庭的稳定状况是指完整家庭还是缺陷家庭，也就是单亲家庭或双亲家庭。现代社会的发展认为，由夫妇两人和子女所构成的家庭是完整的家庭，完整的家庭一般来说是稳定的。所谓缺陷家庭指的是由于双亲的一方或双方死亡、离婚、遗弃或其他原因造成一方或双方不在的家庭。

首先，在家庭照料情境下，父母婚姻关系破裂会影响原有的家庭教育方式及家庭决策，进而影响心智障碍青少年的康复方法选择。心智障碍青少年可能沦为父母间相互报复的工具，被父母弃之不顾的青少年被迫中断原有康复进程，导致康复延续性受损，数年的康复效果付诸东流。

"家庭的一些原因（导致孩子退步迅速），就是爸爸妈妈离婚之后，双方因为赌气，爸爸就再婚了，双方都不管他了，结果把他送到一个机构里面。在这个机构，他应该是想用一种方式来脱离那个环境，想回到爸爸妈妈身边。他大小便都搞身上，然后大冬天不穿鞋不穿袜子。……我们去访问，他就把衣服脱光丢到窗外面去，再大摇大摆地从大门出去，把衣服再捡进来。"（访谈样本 M3）

其次，心智障碍青少年虽然存在一定的交流障碍和认知障碍，但和普通青少年一样有情感需求，需要家长给予无条件的爱和安全感。而缺乏父亲或母亲的爱和关注会使孩子心理上没有稳定感，会加重心智障碍青少年的情绪障碍问题，自尊心受挫的心智障碍青少年往往会选择极端的刻板行为来引起父母的关注，其自理能力、社会融合能力退步迅速，原本康复效果良好的青少年康复进程也会发生急剧倒退。

"那个时候他六七岁，没有觉得他比谁差，他聪明得不得了。但现在，你坐在这里他就丢笔，你吃饭他就把筷子、勺子、碗丢在地上，把饭倒在桌上。

反正他不是不知道这是错误的。

"他这样跟父母的教养方式有关系。他妈妈是一个很能干的人，他做一件什么搞怪的事妈妈就会很惊讶，他妈妈这种惊讶就特别地刺激他，她越惊讶他就越搞破坏，反正她关注他，他就搞。他就是想引起她的高度关注，只要她认为不行的他都要搞一下。比如说，抱垃圾桶，舔垃圾桶，见到垃圾桶就舔一下，现在还走三步磕个头。

"因为他感觉爸妈因为赌气离婚后都不管他了，他心里有安全感吗？没有，刚让别人来带他的时候，他肯定是不配合的，他不配合，别人肯定用了一些错误的方法对待他。孩子的安全感很重要，没安全感还是缺爱。你不要把他当成傻子或者陌生人来看待，他也有他的思维。你对他不好的时候他表达不出来，所以说他用自己的方式来表达这个东西。我觉得这种孩子还是需要父爱和母爱。"（访谈样本 M3）

（3）家庭教育方法的不科学，可能对心智障碍青少年人身安全造成不可挽回的后果

随着心智障碍青少年进入青春期，伴随着生理上的发育和成长，孤独症青少年的性心理也逐渐走向成熟，并开始产生相关需求。但是与正常青少年可以通过学校、家庭、社会等多个渠道接触到性教育不同，孤独症青少年获取性教育的渠道较为单一。加之传统文化中的性羞耻等刻板印象的存在，家长在对孩子进行性教育时总是难以启齿，且教育方式较为单一，以语言教育和纸质教育为主，这就导致孤独症青少年有可能出现有问题的性行为，造成了一些耸人听闻的惨剧。

"当时我听说有个小孩子老是自慰，他妈妈就打他，说这种行为是坏的。孩子比较胆小，被打多了之后，有一天被再次发现，他自己把生殖器官割掉了。"（访谈样本 M3）

（4）家庭内封闭式教育更加缺乏外界的监管，心智障碍青少年康复效果难以保障

有些心智障碍青少年家庭对孩子的期望仅仅是孩子能够不哭不闹、不影响

家庭成员的生活、没有对外界产生实际的伤害,因此他们更关注孩子的情绪问题,采取的照顾方法是"圈养式",只希望能够保证孩子的生命安全,孩子缺乏和外界的交流互动。这种照顾环境下的心智障碍青少年完全缺乏生活自理能力和社会融合能力,未来面临着能否独立生存以及融入社会的问题,而且心智障碍者家庭照顾者封闭在家,更加缺乏外界力量支持,他们面临更大的照顾压力,生活质量低下。

"就算是一个正常的孩子,你把他关在家里,关三天也会关疯,你想我们孩子 20 岁以后,20 岁到 30 岁,30 岁到 40 岁,青壮年的时候,你说怎么办?我们是越来越老了,我们现在 40 多岁了,他上学的时候我就 50 多岁了,你说我还搞得动吗?我搞不动他,他就会在家里想方设法地搞破坏。他无聊,他又不看电视,也不玩手机。"(访谈样本 M3)

"还有一个家长,孩子出门就穿好衣服,进门就脱得一丝不挂,所以他家里不能来任何客人。孩子回家之后就用床单一包,冬天他都不穿衣服,他也不会生病,他已经成野人了。类似于这样的家庭很多,只是在家里,他原先可能都没从家里出来过,都没融入社会,他现在更不可能融入社会了,他只能自生自灭。(M1:像这种家庭很多)对,但这是什么造成的?就是错误的康复观念。(M1:不知道应该怎么去回应他的一些需求)对,如果有平台能长期帮助这种孩子,他不可能成为这个样子。(M1:特别是现在很多还是那样)"

"再加上家长没有方法,家长很纠结,长期失眠,家长可能会得抑郁症,你说这种家庭生活还有质量吗?没有自我,那就真是没有生活了,连生活都没有。"(访谈样本 M3)

(二)心智障碍青少年的家庭照料获得的支持

1. 正式支持

(1)政府:提供经济支持和教育支持

武汉市教育局公开信息显示,该部门制定了《武汉市残疾儿童少年随班就读工作管理办法(试行)》,保障了残疾儿童少年接受教育的权利:每年开展适龄儿童少年入学调查摸底、登记造册,做到无遗漏;建立随班就读学生档案,实行就近入学或到特教学校就读；并加强随班就读工作，完善随班就读的教学管理制度。同时建设一支既具有熟练教学技能、又具有一技之长的"双师型"教师队伍。设立市级特殊教育专项经费用于特殊教育事业的发展，努力改善特殊教育办学条件，为残疾学生提供良好环境。2018年市教育局安排特教公用经费1329万元，安排专项补助1200万元，用于改善江岸辅读、武汉一聋、武汉盲校等特教学校办学条件。

在心智障碍青少年教育方面，政府设立针对残疾人的辅读学校，并针对部分中轻度心智障碍青少年设立并落实普通学校"随班就读"政策，提升心智障碍青少年的认知水平，也能在一定程度上提高社会融合能力，减轻家庭压力。目前我国针对残疾人康复训练和社会融合的政策不断完善，心智障碍人士进入社会公众视野并得到关注，一方面有利于建立一个包容的社会；另一方面让孤独症家长看到了希望，减少了焦虑。有三位家长分别从经济、教育两方面阐述了国家政策对自己家庭的支持情况：

"我的孩子现在在小区附近的普校上学，社区按照国家政策给我们安排了随班就读，有的同学是从小学开始就和WJT一起上学的，都知道她的情况，老师同学都很帮助她。"（访谈样本M16）

"江岸区政府正在实行15~20岁孩子的补贴，ZZJ正好还在这个年龄范围内，每年她有一万元的康复补贴，我们家长的经济压力小了很多，这个政策也还在试点过程中，未来肯定会推广到更多地方的，只是时间问题。"（访谈样本F6）

"之前CX康复的时候有一些经济补助，减轻了我们家长很大的经济压力，也让我们看到国家和政府真的关注到了这个弱势群体，我们家长也很放心。虽然国家对孤独症的政策还没有完善，但是我们相信随着社会的发展，以后政策肯定会越来越完善的。"（访谈样本F3）

（2）残联：帮助心智障碍青少年群体发声

心智障碍青少年家庭的困境可以通过残联反映残疾人需求，研究、制定和实施心智障碍事业的法律法规、政策规划，沟通政府、社会与残疾人之间的联系，宣传残疾人事业，动员社会理解、尊重、关心、帮助心智障碍者消除歧视、偏见和障碍。

"包括省残联、中国残联，他们每年都会有，我们要把这种声音，包括一些研究、一些文章发表在《残疾人研究》上面，就会有很多人去看。"（访谈样本 M3）

2. 心智障碍青少年家庭获得的非正式支持

（1）非正式的社会组织

①对心智障碍青少年自身的支持：提供康复服务，生活自理、行为规范、艺术疗愈、就业等服务机构 M 为大龄心智障碍青少年开展康复评估与训练、居家生活康复与艺术培养、社会融合活动，并为就业年龄段的残疾人提供职业技能培训及日间照料。服务机构 M 秉持"在生活中康复，在康复中生活"的康复理念，针对大龄心智障碍青少年面临的独立生活的康复需求，设置生活技能培训课程以提高心智障碍青少年生活自理能力。访谈样本中 M8 家长表示孩子在机构生活技能培训中形成生活规律性、规范性，有助于减轻家长教养上的心理、精力负担，利于家庭质量提升。

"他在机构学习和生活的过程中，是非常有规律的。每天到学校，首先干什么，然后干什么，中午吃饭、睡觉，睡觉起来以后怎样，都是很有规律的。因此这个孩子在这种规律的生活中自然而然掌握了一些生活的本领。他现在回到家里以后，到了吃饭的时间，他就会自己去把凳子放好，然后把碗放好，吃完了，不用提醒他就自觉地去把碗收好。因为他的安坐性、持续性、专注性、专注力增强了，所以在家庭康复的过程当中，他的动作能力还是比以前要强一些。"（访谈样本 M8）

访谈样本中 M1 家长表示，大龄心智障碍青少年习得生活技能有利于缓解青少年无聊情绪，减少情绪问题，而且有利于青少年独立意识的提升。

"他不会看电视，他也不会玩手机，他无聊的时候，情绪就来了。但是他融入我们的生活后，可以做家务，然后他的情绪就好多了。而且现在他喜欢做家务，他有一种自我的意识在里面，他觉得自己是一个独立的人格。"（访谈

样本 M1）

　　除教授家务技能外，服务机构 M 还创新性地为大龄心智障碍青少年提供独立乘车往返机构能力训练，以鼓励的方式帮助青少年提高独立能力，为家长节省了接送青少年的精力和时间，印证了正确的康复观念和教育方式的重要性，提升了家长的康复信心。

　　"机构 Z 老师鼓励我放手让孩子一个人独立往返学校，说你要相信孩子，我选择了相信和尝试。在机构老师的耐心、专业的指导下，我一步一步地放手，也为孩子佩戴了定位仪，儿子终于可以实现独立往返了。想想他让我省下几小时，不用送他，长年累月地奔波，其中的疲惫只有自己知道。"（访谈样本 M13）

　　服务机构 M 提供的艺术潜能培养与情绪管理康复服务内容涉及绘画、手工、乐器、歌唱等，艺术课堂是青少年自我表达与呈现的一种载体，更是他们舒缓压力、稳定情绪的方式。在专业老师的耐心指导下，孩子们及家长积极分享家庭康复视频、彼此鼓励、彼此欣赏，他们在良好的正能量氛围里，潜移默化地学会感受爱、传递爱，相互陪伴和学习，共同成长。

　　"还是要找个适合他的地方，这边有音乐课程，有生活康复的课程，包括生活技能培养。"（访谈样本 M10）

　　"在康复方面确实是需要找到适合我们孩子的方式，就是说要针对性地康复，比如说，他喜欢音乐、喜欢跳舞，就需要全方位地去培养他这方面的兴趣，我希望顺着他的这些兴趣去发展他。"（访谈样本 M13）

　　服务机构 M 根据不同青少年能力划分为不同班级，对康复进程较慢的青少年主要进行生活自理能力培训，对康复进程更快的就业年龄段的青少年提供烘焙技能职业培训，为未来心智障碍者就业提供技术支持。

　　"我们的孩子，你指望他以后去做什么赚钱养家是不可能的，但是也有能力很好的孩子确实也能上班，也能拿工资，就是能力差一点的孩子可能做不到。但是我觉得我的孩子在这里学了这么长时间，通过认字、做家务这些训练当中，他有很大的进步。"（访谈样本 M13）

②对家长的支持

家长是心智障碍青少年的照顾者和支持者，其精神状态、康复方式、性格等直接影响到与子女的亲子关系和康复效果。通过社会组织提供的系列服务活动，家长的心态发生转变，由"焦虑、苛刻、迷茫"转变为"接纳、放松、鼓励"。

"在这个机构里，说实话我的心态改变了不少，以前有的时候情绪不好，家里人也不理解我，我都只能窝在家里看看电视，出去找以前的朋友玩又怕打扰别人。现在有时候找我在机构认识的一些闺蜜出去玩，大家还可以互相帮忙照顾一下孩子，我们聊起来也比较有共同话题，还是挺好的。"（访谈样本M6）

通过参与一系列康复训练能力培训，心智障碍青少年家长掌握正确的训练方法，从漫无目的的训练到系统进阶式的训练计划，他们的照顾能力得到显著提升。

"我们觉得参加培训很有帮助，首先是心态上，我们刚开始进行康复训练的时候，我就想纠正她，想让她变正常，所以对孩子的要求比较苛刻，孩子接受能力较差，很多东西怎么学都学不会，我们急孩子也急，最后就会产生矛盾，孩子会更加抵触训练。后来根据专业知识来了解孩子的特征，也能够接纳他们，知道他们目前的具体困难，反而更加注重每次小的进步，鼓励他们。第二个就是照顾他们的能力也提升了，刚开始我们也不知道要怎么训练，就是遇到什么问题就教什么，没有注重孩子能力的系统提升，后来参加了一些培训，就有了一个进度计划，心里也放松一些。"（访谈样本M16）

"我参加的那些培训效果很好，我知道了我们家长的行为、情绪、态度对孩子的康复影响很大，所以我也要做孩子的'老师'。很多规则性的东西必须要亲自带头给孩子做个榜样（比如过马路），帮助孩子形成规律意识，行为习惯改善了，能够遵守社会秩序，对以后孩子走上社会也有好处。"（访谈样本M14）

家长互助平台的建立帮助家长掌握更多的信息资源渠道，并提供情感支撑，缓解照顾压力，提升群体间的互助意识，也便于家长寻求渠道为孤独症青少年发声、争取更多权益。访谈的两名家长均参加了丰富的能力培训活动，自身思想观念和康复技巧都有了显著的提升，对此，他们表示：

"小孩去哪个机构好，哪项政策有新变化，都是热心家长在机构的家长群里分享的。大家人都挺好，在一起也能够互相理解，相处得很舒服。总感觉外面的人有点看不起我们这样的家庭。"（访谈样本 M7）

"在封城那段时间，物资特别紧缺，有个老板自己也是残疾人，联系到了我们机构捐赠了一批物资。我负责联系这些家长，他那边安排人直接送到家门口，真的帮了很大的忙。"（访谈样本 M3）

（2）亲戚、朋辈：提供照料支持和情感支持

访谈中大部分心智障碍青少年家长得到亲人的人力、经济、情感支持。人力支持主要来自劳动能力尚存的爷爷奶奶。经济支持多由家中长辈提供，但亲人经济支持有限，且因为各个家庭经济条件不同而具有不稳定性。大部分家庭成员都较为体谅心智障碍父母的处境，提供安慰等情感支持，家人一起团结协作、互相帮助，良好的家庭氛围有利于心智障碍青少年康复。访谈中 F1 家庭中主要劳动力因疫情失业，母亲为全职主妇，在失去家庭主要经济来源的情况下，不仅患者的祖辈拿出了自己的退休金给予支持，其大伯更是每个月都提供一万元的康复费用，帮助他的家庭渡过难关。

"虽然家里的亲戚都比较困难，但是对于孩子还是比较关心的，尤其是孩子的姑姑还是挺好的，一直在关注小孩子，有时候也会帮忙搭把手照顾小孩子。"（访谈样本 M6）

"因为我们兄弟姐妹之间的关系一直比较亲密，他们对我的小孩都很关心，逢年过节也会走动，交流很多。"（访谈样本 M5）

朋辈主要通过情感抚慰来支持，由于心智障碍者对长辈抱有"报喜不报忧"的心态，因此情感压力多和朋友一起分担。

"我作为一个母亲，不管我怎么做，我还是有焦虑，有朋友在我就没有焦虑了。他们会说要我冷静一点，让我考虑周全一点，既是一些提醒，这也是一

种帮助。"（访谈样本 M4）

"我不能当着孩子的面发牢骚，一般到外面去和朋友们一起散散心。"（访谈样本 F2）

（3）社区：提供场所

社区是心智障碍青少年的生活场所，也是锻炼生活自理能力、社会融合能力的主要活动基地。社区氛围是否包容、居民是否理解、基础设施是否完善直接影响到了心智障碍青少年的康复效果，也是心智障碍人士能否融入社会的重要影响因素。

服务机构 M 所在的 L 社区通过物资支持、设施改造、宣传等方式建构了心智障碍者家庭社区支持网，为心智障碍青少年参与社区互动提供机会，提高其人际交往能力，营造一种宽松包容的社区文化氛围，帮助心智障碍人士融入社会。通过举办丰富的社区活动，为心智障碍青少年及其家庭提供交流、活动场所，加强与居民的联系，改变社区居民对于心智障碍群体的观念和看法，营造安全、健康、平等和尊重的社区环境。社区为其提供图书管理员、物业管理等岗位，促进心智障碍青少年参与庇护性就业，获得收入，减少家庭经济压力。针对社区支持效果，三名家长都表达了对社区包容环境的感激：

"社区给孩子提供了一个包容的环境，我也愿意带着孩子参加社区活动。孩子也愿意和社区居民打招呼，他也不太反感和陌生人打交道了，他的性格也变得温和一些了。"（访谈样本 M16）

"我的孩子现在康复得比较好，生活自理能力都还可以，有时候放学回家还经常到社区里玩，有时候和居民打打乒乓球，关系都非常融洽，对孩子的康复训练和社会融合有好处。"（访谈样本 F6）

"我们社区居民都了解我们家的情况，居委会的工作人员和居民都挺关照我们的，为 CX 提供了一个包容理解的社区环境，他也很愿意和居民打交道。"（访谈样本 F3）

二、心智障碍青少年家庭康复服务支持面临的问题

（一）家庭照料问题：空间上康复持续性不足

心智障碍青少年在学校、机构康复后回归家庭中，家庭依然要承担起照料的功能。空间上康复延续性不足意指"心智障碍康复效果从学校、机构等延续至家中"时，存在一定阻碍，如家长缺乏正确教育方法等，导致心智障碍青少年康复效果难以延续至家中。

1. 家长对心智障碍青少年康复的认知、情绪反应和行为措施会影响康复延续性

（1）家长的康复认知

①康复信念

家庭内部积极的康复信念是心智障碍青少年康复延续的重要支撑。在访谈中，虽然在孩子刚确诊心智障碍时，家长都不能接受这一事实，加之缺乏对心智障碍的了解，内心感到无助、迷茫、痛苦。但随着孩子康复进程的推进，家长逐渐接受现实，并对此持较为开放的态度，通过主动咨询信息逐渐提升对心智障碍的认知程度，积极配合治疗。

在心智障碍者的干预效果逐渐显现之后，随着孩子的成长，积极的康复信念开始逐渐发挥作用。在认识到通过系统的训练和恢复是可以帮助孩子进一步自理，家庭成员的努力可以改变孩子后，家庭成员原有的焦虑和自卑也有了一定的缓解；家庭成员开始逐渐适应这一情况，对正确看待心智障碍逐渐达成一致，齐心协力面对心智障碍康复困境，家庭内部一致的积极康复信念有利于心智障碍青少年康复持续性的实现。访谈样本中 M6 家长认为应该持有积极的终身康复信念，直面现实，"心智障碍青少年只有干预才能变好"，不进则退。

"这样的孩子怎么说，不管程度怎么样，作为家长，必须全力以赴地去培养孩子，你只有去做了康复，去训练他，他才能够往好的方面去发展。如果你任其发展的话，那只会越来越糟，不管他程度怎么样，你要用心去做了，就会有回报。我是这么想的。"（访谈样本 M6）

（采访人：是什么信念支撑着家里一起克服这些困难？）"肯定是希望越来

越好的想法。像我们要上班的话，其实老人也一直在帮助我们带他。有时候都是老人带他去一些康复机构，也是告诉我们该怎么治疗和训练。有时候我们上班回来，要碰到他很吵的情况下，肯定是觉得带不了的。我姐姐家也挺支持我们，有什么事情都帮我们做一下。要是三口之家我觉得肯定是很难的。"（访谈样本M7)

但有些家庭也存在过分依赖机构，缺乏责任意识，忽视家庭教育的消极认知。

"有些家长认为这些事情应由机构负责。比如孩子表现不好时，家长不管不顾，家长就觉得只要把孩子全权交给机构就行了，自己无须再操心。但实际上，这是自己的孩子，最终还是由我们家长来承担相应的责任。"（访谈样本 M4)

"但是现在七八岁孤独症孩子的家长不一定都有该为孩子负责的思想，七八岁家长还是认为，我在机构里花钱了，机构就要把孩子康复成什么样。他忽略了自己的重要性，忽略了家长的重要性，低龄孩子的家长不是很重视。"（访谈样本 M3）

②康复目标

访谈中大部分家长将心智障碍青少年自理能力、社会融合能力提升作为重要康复目标指标，希望青少年在学校或机构教育等集体环境中养成规律性生活并提高社会融合能力，正确的康复目标确立有利于引导心智障碍者家庭沿着正确的康复方向坚持下去。

"他能够自理，就是以后我们家长如果不在了的话，他能够自己生存下去，这就是我们唯一的一个要求。"（访谈样本 M1）

"我觉得最好的情况就是他能康复得很好，他能够像普通孩子一样融入社会，他至少有机会在比较熟悉的社区环境中寻找工作，这样他就业的可能性会增加。"（访谈样本 M3)

"小孩是9岁，他应该接受义务教育；他如果不接受义务教育，他被关在家里，那才是耽误了这个小孩。不管他能否学到多少知识，他到了这个学校，也有一定的规律性的生活和学习条件吧，我们就一直争取这个权利。"（访谈样本 M3)

但有些心智障碍青少年家庭缺乏正确的康复观念，没有确定正确有效的康复目标，对心智障碍患者的康复和教育缺乏主动性。有些家长认为孩子能够不哭不闹、不影响家庭成员的生活、没有对外界产生实际的伤害，已经是他们最大的期望了，因此他们更关注孩子的情绪问题，采取的照顾方法是"圈养式"，只希望能够保证孩子的生命安全，缺乏和外界的交流互动。这种照顾环境下的心智障碍青少年完全缺乏生活自理能力和社会融合能力，未来面临着能否独立生存的问题。

"当时家里琐碎事情太多了，我们也没有精力来管他，只要他在旁边不吵闹，我就忙我自己的事情去了，就这样把他忽视了。后来，来服务机构 M 之后，有生活老师带他去训练、购物，一整套流程下来，我觉得他接受得好快。现在我们家面临最大的问题就是孩子没有一个好的转变，我们也还没有好方法来帮他，这么多年感觉就是在浑浑噩噩地混日子。"（访谈样本 M16）

"现在很多家长也不知道孩子要培养成什么样子，孩子的康复效果也不是很好。家长要清楚孩子未来要过什么样的生活，是圈养式的，还是在社区里有支持的生活。确定了一个目标之后，就要通过训练来达成这个目标。很多家长都想把孩子圈养到一个地方，但这是不科学的，违背人性的。正常的人都有学习、生活、休闲、工作的时间，并且要和外界有所联系。"（访谈样本 F6）

③家庭教育原则

特殊青少年也和普通青少年一样需要家长给予爱与安全感，家庭教育过程中家长要坚持"尊重""接纳"青少年的原则，采取鼓励的方式进行家庭教育，有利于心智障碍青少年情绪稳定，降低青少年采取极端刻板行为伤害自己或他人的风险，有助于心智障碍康复效果延续。

"有些孩子自尊心很强，不管自闭症也好，身体残疾也好，他们实际上是有表达需求的，内心是渴望倾诉的，不要把他当成一个不好的孩子来看待。他们很多时候无法控制自己的行为，这时候家长就需要学会控制自己了。"（访谈样本 M4）

"教法、教的难度是有区别的，他的心态也是值得学习的，因为他能够完全接纳，然后他的思维是对的。我儿子也磨，我有的时候也很烦，为什么？他磨不说，他还要找硬地方磨。他趴在床上，还搞个硬壳子书。硬壳子书最后还不行，他把钟弄下来了，钟表有个玻璃，他搞玻璃，我也烦的。我也请教专家，专家跟我说，你就固定给他一个板，相对来说安全一些的，就告诉他这个可以，只能这样。他反正就是要完成的东西，你还不如给他一个能接受的，你肯定要尊重他。"（访谈样本 M3）

家长用优势视角看待心智障碍青少年，关注青少年优势而非问题，关注青少年进步而非不足，有助于家长关注到心智障碍青少年康复效果，提升康复信心，同时有助于良性家庭关系的培养。同时围绕青少年兴趣特长进行康复培训，进行艺术疗愈有利于心智障碍青少年释放缓解情绪，并在艺术学习、分享、表演中获得社群支持。

"有家长讲，他家孩子在这边什么都不会，我说现在看来什么都不会，可孩子来学校以后，只要用心去发掘，肯定能发现他擅长的东西。咱们家长不能老是看孩子的问题，你可以看他身上的优点，这样才能看到孩子的成长和变化。有时候觉得孩子没什么变化，是因为家长平时没有去观察。家长要每天在生活中观察孩子。"（访谈样本 M4）

"我觉得这个康复的评价和效果，主要看康复的方法和手段适不适合这个孩子，包括要找到孩子的兴趣点，就是他的特长。Z 老师每次都说要看孩子的优点，不要看他的缺点。我们家孩子主要对音乐感兴趣，所以我现在也主要培养他这方面的技能。"（访谈样本 M13）

"我建议针对孩子进行个性化康复培训，不能不管学习进度就'一刀切'，有的学习快一点，有的慢一点。因为他是特殊的孩子，所以要进行特殊的培训。有的孩子有特长，有的孩子没有特长，没有特长的就发掘他的特长。"（访谈样本 F5）

"音乐疗愈在稳定情绪、提高注意力等方面能给心智障碍孩子带来不同程度的进步。家长们都曾提及加入乐队后，孩子的笑容明显变多了，做事情也更

有动力了。我们看到了音乐带给孩子的力量。这些孩子得有自己的乐队和圈子，这样他们才会更快乐。"（访谈样本 M3）

有些家长只关注心智障碍青少年的不足和缺陷，而非关注其优势和进步，家长易因看不到康复效果而感到烦躁、无助，康复信心降低，而采取消极康复的行为，也不利于心智障碍青少年在机构的康复效果延续到家庭。

"我们每周五会开总结会，观看每个班上课的视频，看完之后每位老师要说三个优点和三个缺点，就是要说出班上有哪些孩子有进步，取得了哪三点进步，再说三个不足。这和家长对待孩子的道理是一样的。家长也应该去观察孩子有进步的地方，如果总是发现不了孩子的进步之处，而只是盯着问题看，那幸福感从哪来？"（访谈样本 M3）

（2）家长的情绪反应

访谈中大部分家长在孩子确诊时消极情绪较多，而在心智障碍者康复过程中逐渐减少。子女被诊断为孤独症后，家长会面临较大的心理应激反应，经历否认→迷茫→愤怒→内疚→痛苦→逐渐接纳的心路历程，家庭经济困难、照顾压力和社会交往的减少会影响孤独症家庭成员的心理健康，对康复训练方法和效果的未知也是儿童康复时期家长主要的精神压力。

首先，由于心智障碍青少年无法自理，甚至无法控制自己的行为，与照顾普通青少年相比，照顾心智障碍青少年需要更多的体力和时间。与小龄患者不同的是，在经历了多年的干预之后，长期处于高压状态已经使得不少照顾者都不堪重负。其次，我国社会环境对于心智障碍的了解较少，心智障碍者家庭往往被他人贴上"有问题"的标签。因而在不被他人理解和干预效果逐渐不明显的长期痛苦煎熬下，不少家长的情绪逐渐走入"死胡同"，长期处在低气压之中。

"对于我们这样的家庭来说，家长们有一种共同的心声，有心智障碍的孩子的家长没有自我。大家很少考虑自己，就像我好几年没敢去和其他人交流沟通，都是一个人躲在家里带孩子。"（访谈样本 M6）

"我们刚去 L 机构的时候还不认为我的孩子有什么不同，他会认字、写字，我还和几个家长聊天说我也不奢望他以后能去上大学，他能高中毕业、学一个简单的技能能养活自己就很好了。其他家长就说你想得太好了。那一瞬间，我的眼泪一下就流了出来，心里想以后可怎么办？很长一段时间很受打击，家里氛围不好，但我们尽量在孩子面前都是笑嘻嘻的，所以他的情绪比较好。那个时候我们也不愿意和人接触，总感觉被人用有色眼镜看待。"（访谈样本M16）

"其实我是比较后悔的，我总觉得要是我能够放弃工作来照顾孩子，说不定孩子能够得到更大的进步，所以我老是想孩子这样是不是我的问题，想得晚上失眠，睡不着觉，非常自责。"（访谈样本M7）

（3）家长的行为措施

家长基本采取主动咨询、积极康复的行为措施，但存在走弯路的情况，选择不适合孩子的康复机构，甚至还存在被错误治疗方法骗钱的情况。

"到北京去找了一个医院，做了一个神经紊乱的微创手术，其实也没多大效果。当时可能是心理作用，觉得花了几万块钱，肯定有效果，回去之后才发现一点效果都没有。"（访谈样本F2）

此外，家长在矫正心智障碍青少年刻板行为方面采取的行为方式存在较大差异，有些家长在矫正青少年刻板行为过程中执行不彻底而纵容青少年刻板行为，不利于青少年刻板行为矫正及规则性建立，会对青少年融入社会起阻碍作用。家长应分情况、分场合采取恰当方式矫正刻板行为。

"之前他开了之后，我们老师去制止并叫他关，开了这个就让他关这个，他应对不及，还把老师的手弄伤了。现在他一看老师来了，他就会立马关上，大摇大摆就回来了。他就在想，这个事情跟老师较劲是比不过的，还是算了，放弃抵抗。"（访谈样本M3）

"就像在机构里，当他不愿意妥协的时候，家长要学会妥协，如果你非要让他听你的，就算你赢了，他还倔强；要是你适当妥协，可能一次不行，两次不行，三次不行，多教导几次他就会听话了。"（访谈样本M4）

"但是有一点是蛮可怕的，就是你上去制止了，但是你又中途放弃了，这样是不对的。不能说想拦着但又没拦住，就任由他冲过去，然后他就把东西吃到嘴里了。

"比如说，他要吃这个东西，但是这个东西不能直接拿。他要去抢超市里的东西，你这个时候拦他，然后他还是要拿，你一松手，他拆了就吃，相当于他赢了。这种做法是不可取的，下次他肯定还会这样做。因为他觉得他是可以赢的，他可以吃到。

"我们家孩子小时候他这样吃了东西后，我就把手伸到他嘴里，让他再吐出来，吐出来之后他就觉得这个东西吃了也白吃，吃不进去，他吃了也难受。包装不是拆了吗？我把这一包带过去，把钱一付，让他拿了带回家分给爷爷奶奶、叔叔阿姨吃，但他自己不能吃，告诉他这是你犯错误了，你拆了包装，这个东西你还是不可以吃的。后来他就不再那么做了，绝对不会再那么做了。因为他知道这样做是没有结果的。

"但是你不能中途放弃制止，你不能搞一半，你就让他吃了，因为这个是一票否决的，在公众场合他就拿了吃的是绝对一票否决的。在家里那就不一样了，家里他要吃就吃是吧？就算这个东西吃了对他肚子不是很好，他就吃了之后他拉肚子，那是他吃东西的后果。这个是要分类的。"（访谈样本 M3）

2. 家庭教育方式直接影响机构教育延续性

访谈中大部分家长认同服务机构 M 的"在生活中康复"的康复理念及教育方法，孩子沟通、理解能力有限，家长需要手把手地耐心教育青少年，并尽可能为青少年创造动手机会，锻炼生活技能，从而习得一种规律性的生活模式。

"从个人角度而言，我知道这个孩子就是我的孩子，他是一个需要终身康复的孩子，他就是不进则退嘛。所以我觉得只要我有能力，我肯定还是会持续地帮他康复，持续地对他进行引导和锻炼。我自己也会从生活方面入手，对他多加引导，尽量在生活当中多去锻炼他，尽可能掌握一些生活的本领。"（访谈样本 M8）

"我觉得机构老师的观点非常好，就是让孩子在家里做一些家务啊，再就是陪伴啊，在生活中康复。当然机构老师可能对我们也是比较了解，我也跟她沟通了一下。我的孩子比较适合手把手教的方式，你跟他沟通他可能有时候就理解不了，或者说理解有限。现在在家里我们就创造机会，能够让他自己动手做的事情就尽量让他做。这个孩子只要习得了一种生活模式以后，他的行为就会变得很有规律。

"通过 Z 老师的培训学习，他会剥豆子了，会剥豌豆了。这虽然是个小事情，但说明他还是有动手能力的，只是之前没有激发、开发他。在没有我的高压政策下，他就可以完成，我觉得 Z 老师的方法还是可以的，以后还是要向 Z 老师学习。"（访谈样本 F5）

"从他的生活技能入手，我孩子他特别喜欢。其实他动手能力很好，只是说在引导上面我们没有做到位，首先我没有足够的时间去全力教他。但是在来到机构之后，通过这段时间的康复，他在剥豆子的同时可以教他数数，把数字认字全部结合进来了，我觉得这是我很想要的康复效果。

"他回家喜欢看手机，只要我来接他，他第一句话就是'妈妈我要看手机'，我说'可以啊'。这也是 Z 老师教我的方法。好，我答应他了，我说那你回家帮我把这盘豆子剥完了，我就奖励你看手机。他现在回家就有这种习惯，我把豆子一拿出来，他就知道他要把这件事情干完之后才能看手机，干完后他才有这个奖励。所以我真的觉得照顾这样的孩子确实要很大的耐心。最主要的还是方法，我们缺少方法，所以我总跟 Z 老师交流。"（访谈样本 M13）

家长在教育过程中会出现暴躁、内疚等情绪问题，而采取强制性暴力教育方式，导致机构康复延续到家庭当中会出现持续效果不佳等问题。青少年康复效果不佳会加重家长心理压力，家长仍存在难以控制自己的情绪而发泄到心智障碍青少年身上的暴力行为，不利于心智障碍青少年在机构康复效果延续到家中。

"家长也有脾气，真的，我也很暴躁。我看不到他进步的时候我会很烦，很着急呀，很希望他能有所进步。但是看不到他的进步的时候，我就恨自己，所以我想要有方法去改变他。

"但是也有苦恼的，因为像这样的孩子，你如果叫他做事，他做事的持续时间是很短的。比如说，剥豆子剥完后，他看了会手机，我们要再让他做事就会比较困难。毕竟我们成年人都这样，更不要说孩子，人在沉迷手机的时候，要把手机放下都是个难事。所以我们有时候也搞不定他，就是我们说要再做其他事的时候，的确需要方法。"（访谈样本 M13）

"他有学习的能力，但就是不学，这就是最大的问题。比如说，我家孩子出门要穿鞋，我说'把鞋穿了'，实际上他会穿但他不自己穿，我很暴力，我踢他一脚，让他把鞋穿上。在我的高压政策下，他必须得干，不干就挨揍，他就会穿。后来听机构 Z 老师说不能打，不能这样做，'你现在搞他，将来大了他就搞你'。Z 老师说我的方式不对，后来我也慢慢减少了这种做法。但我不给他压力，他就不听我的话，那怎么办？我没办法，以前他很懒，不做事嘛。

"实话实说，现在还是有高压政策。现在很少，以前经常有，在慢慢减少，一点高压政策都没有那还是不行的。我说 10 遍说 20 遍他都不听，那还是要打。我也控制不了，我巴不得没有高压政策，我也不想这样，但是没办法，他不听我的。"（访谈样本 F5）

"他还蛮情绪化，他要发脾气的时候，他大喊大叫，会吵得楼上楼下不得安宁。他情绪不好，可能在他小的时候把他搞得有情绪啊。我当时还不知道怎么管他，拿着棍子举到他头上，要威胁他。"（访谈样本 G1）

家庭教育过程对家长是一种修炼，家长的情绪控制能力逐渐加强。

"教育他的过程就是我修炼的过程。我原来脾气非常暴躁，很急，追求完美。在照顾儿子的时候，脾气就变了。这个过程真是艰难。原来你说个几句，他没理解的话，我脾气就急起来了，然后没有办法，必须要这样啊，你跟他发脾气有什么用呢？只能说是跟他慢慢地沟通，或者是手把手地教。如果沟通不了的话，照机构老师说的，就把他手拉着教他。现在通过这种方式，孩子的动手能力、语言能力，包括眼睛上面，在只有两个人的时候，他会关注你……目光追视能力比之前强多了。"（访谈样本 M11）

3.家庭功能影响照顾质量及照顾者的身心健康，进而影响心智障碍青少年康复延续性

家庭功能是家庭系统运行状况、家庭成员关系以及家庭的环境适应能力等方面的综合评定，家庭功能的好坏直接影响着照顾者的身心健康及照顾质量，进而影响心智障碍者康复延续性。照顾心智障碍青少年应该是一个长期的过程，在其中应该有合理的分工及家庭沟通方式，尽可能地动员每个家庭都参与到心智障碍青少年的照顾中来。但是在现实生活中往往是由母亲充当照顾者的角色，父亲往往是作为甩手掌柜的存在，由于心智障碍青少年不具有生活自理能力，同时对自己的行为无法控制以及交流障碍的长期困扰，因此需要母亲长期的全方位照顾，使照顾者身心健康受到严重影响。长期的、收效甚微的、同时心存希望的照顾过程是个备受煎熬的过程，常常让照顾者感到疲惫不堪，心情烦躁，当孩子因拒不配合康复训练而闹情绪时，照顾者难以保持心平气和地耐心教育孩子，多数母亲因专职照顾患儿而被迫放弃工作与康复训练费用高昂并存导致的经济负担，而且经历着孩子疾病的诊断、治疗与康复过程中的各种心理应激，加上精力、体力、时间和经费的长期投入，对青少年病情和预后的担忧、对青少年训练中不配合产生的焦虑等负性情绪以及不断升级的家庭矛盾、社会歧视、社会疏离感等使照顾者承受着巨大的身心压力。但另一方作为家庭主要劳动力难以与照顾者产生共情，易产生争吵，家庭内缺乏有效的沟通与分工。不和谐的家庭关系不利于心智障碍者的康复。

"之前一直是孩子的妈妈在照顾，2018年孩子妈妈去世了之后就是奶奶带，这段时间奶奶身体不好我才带了一段时间，确实很累，怪不得之前孩子妈妈老是和我吵。"（访谈样本F3）

"冲突摩擦是存在的，也有意见不一样的时候，但是我最终还是坚持了下来。坚持也不是说是无故的，还是有道理的。如果说我决定带孩子去机构康复，那我会过去多方面咨询一下，觉得这个还行，对孩子有帮助我才去。家庭成员的影响好像没有，我觉得在我的家里一直是我的坚持。（采访人：您家庭内部比如说出现冲突和争吵的时候，您跟您的丈夫是怎么样解决这个事情的？）我

觉得我们好像也不是很成功，有时候他喜欢那种冷处理的方式，时间久了就会觉得我们的关系更冷漠。简单来讲，还是有一方不太愿意放下架子去处理问题。（访谈样本 M7）

家庭中家庭成员的相互理解和支持有利于家庭主要照顾者缓解照顾压力，减少家庭矛盾产生，从而营造安全、友爱的家庭氛围，为心智障碍青少年提供良好的家庭康复环境。此外，家庭成员间良好的沟通方式也有利于在心智障碍青少年康复方式等相关决策中达成一致，采取积极地应对困难的方式，有利于心智障碍青少年康复得以延续。

"我们女人有时候发牢骚，抱怨生活过得不舒心，他爸总是开导我，说我们今天过得挺好的，儿子这个样子以后既不着急让他结婚，又不着急让他上学，就这样一家人平平淡淡地过。我总是唠叨，说这日子没什么希望。他还总是开导我，反正一家人还挺好的。"（访谈样本 M5）

"我们夫妻互相鼓励，互相扶持，把这个孩子培养好，当时就是这样的，是作为父母的简单想法。但是怎么样把孩子带好，这个过程需要我们慢慢地去汲取经验，汲取别人的经验，听取别人的意见。

"我们有的时候也有意见不统一的时候，意见不统一的时候，有的时候我认为是对的，然后她爸爸有时候也认为他是对的，怎么办？我们都冷静下来，比如说，我觉得我是对的，我就把我是怎么想的告诉他，然后他就把他觉得怎么是对的和我交流，然后我们综合一下。他爸爸基本上还是听我的，因为我带孩子比较多，孩子秉性、各方面的一些细微的变化，我都了解得比他多一点。虽然他有不同意见，但是基本上还是听我的。"（访谈样本 M4）

（二）家庭照料的外部支持体系存在问题：时间上康复持续性不足

家庭照料内部因素和外部支持体系影响心智障碍青少年康复延续性。无论是学校教育还是机构教育都存在年龄、经济、招收条件等限制，这意味着心智障碍者难以长期留在同一个康复地点康复，阻碍心智障碍青少年康复延续性。而随着年龄增长心智障碍者需要转换康复地点时，心智障碍康复机构质量参差不齐，机构教育不规范，使大龄心智障碍青少年康复之路充满曲折，可能耽误康复最佳时机。此外，家长也可能由于经济压力加大而中断心智障碍青少年的康复。

1. 国家托养体系不足

中国残疾人联合会和财政部实施阳光家园计划作为残疾人托养服务计划，设立阳光家园中心提供公益性康复托养服务，开展日间照料、医疗服务、康复训练、生活认知及社会适应能力训练、职业技能培训、庇护性劳动、文体活动、志愿者服务及心理咨询等免费服务。武汉市的阳光家园目前主要是为残疾人提供日托照料服务，但访谈中许多家长表示阳光家园虽然免费，但由于其缺乏科学的心智障碍康复训练、照护方式以及专业人士指导，心智障碍青少年康复效果较差。

除阳光家园存在提供专业化照护能力有限问题外，阳光家园也存在一定的入园门槛，接纳残疾人容量有限。阳光家园的服务对象原则上是处于就业年龄段（男性16~59岁，女性16~54岁）的不在业的，有托养服务需求的智力、精神和丧失生活能力的重度残疾人。且托养服务对象需持有《中华人民共和国残疾人证》（第二代）。但实际上，有一定自理能力的残疾人才能入园，广大重症残疾人被排斥在阳光家园之外，残疾人照顾的重任依然主要由家庭来承担。

此外，国内目前没有针对心智障碍治疗的专业课程设置，也没有政府支持的心智障碍培训机构或研究所，大部分心智障碍者无法接受最基本的系统治疗和帮助。而且国家对大龄心智障碍康复机构政策扶持和经费支持远远不够，机构也面临着专业化发展和经费紧缺等问题。

"我儿子今年20岁，从辅读学校毕业之后，曾经到社区的阳光家园去了一段时间，后来他不愿意去了，就到了服务机构M。社区的阳光家园不仅不收费，还免费提供午餐和水果，过年过节还发放物资。服务机构M每个月交两千多元的学费，对于工薪阶层的我们家来说，这是一个不小的负担。我们夫妻两个人拿工资，要养活两个孩子和三个没有退休金的老人，还有每个月六千多的房贷。如此环境下为什么我们还是选择把孩子送到服务机构M呢？实话实说，当初确实是没有办法。阳光家园好是好，可是孩子在那里无事可干，每天就是等着吃饭，有些手工的活他不擅长也没有人指导，所以他天天在那里无所事事，时间长了就不愿意去。"（访谈样本 M7）

"现在虽然各街道有阳光家园不收费，但那里的老师还是缺乏特殊教育的专业知识，针对性也不强，多数只限于托管，对孩子能力的提高帮助不大。"（引自微信公众号：服务机构 M）

"我们社区旁边有政府办的免费的阳光家园，有家长喊我们，我们就去了。在那里我们孩子是最小的，其他的有 40 多岁、50 多岁，都是年龄大的。我发觉我们孩子在那待了一段时间后，不是很开心，也没学到什么，主要是在那里没有什么动手的机会。"（访谈样本 M13）

2. 教育环境混乱

（1）普通学校教育难以融入

首先，普通学校、辅读学校及特殊教育学校等都有一定的招生条件，基本拒绝招收情绪问题严重的学生，学校缺乏融合教育观念、社会大众对心智障碍青少年的歧视和偏见使心智障碍青少年入学受阻，尤其对于异地转学生来说入学阻碍更大。而且普通学校、辅读学校、特殊教育学校间存在"踢皮球"现象，心智障碍青少年就学道路曲折。

"孩子从咸宁转到武汉，我原来是在辅校陪读，但武汉的那个学校不了解孩子背景，不愿意接收这样的孩子。我们的孩子如果没有陪他坐的人，一个人不能安坐一天，半天都很难。这个学校的校长可能缺乏融合教育的理念。如果是一年级都报了名，他可能就没办法拒绝，但如果转学的话，他不一定收这类儿童。"（访谈样本 M10）

"我现在想让她（孤独症儿童）去盲校学习，那里孩子是全盲，但是他们不接受 WJT。如果能去的话，我还得请照顾她的老师，这也是一笔不小的费用。"（访谈样本 M16）

"像我们的孩子去特殊学校也是有压力的。当时特殊学校不收，他们很直白地说:'你们去那种学生数量少一点、老师多一点的地方,对你孩子会更好一点。'然后我们就去了,去了之后才知道是江岸区那边的辅读学校。但他们说招特殊孩子有要求,就是孩子不要有情绪问题。家长就陷入一个真空状态,你去特殊学校,特殊学校说你家孩子需要更多老师更多资源,建议你去辅读学校,然后你去辅读学校,辅读学校说你家孩子其实如果去读特殊学校的话会有更好的社会环境,我们就像在夹缝中生存。"(访谈样本M12)

其次,学校招生条件对精神残疾者比对智力残疾者更为严苛,因为精神障碍者虽然智力水平可能较高,但存在安全隐患,可能伤害别人或被别人伤害,因而面临更严峻的社会融合困境。然而实际上有的心智障碍青少年情绪较平稳,且行为控制力较好,却被学校"一刀切"的政策拒之门外。

"孩子半天在辅校,半天做治疗康复,有一个摆在面前很现实的问题就是要看学校对孩子的接受度,这很难。他一旦作为精神残疾的话,学校那边非常不友善,他们情愿招收智力残疾的孩子,智力残疾的孩子如果他不算是很差,能达到百分之六七十的话他们还是收。

"学校会很自然地这么去做,因为对于我们这些孤独症孩子来说,存在一个很大的隐患就是安全隐患。可能很多孩子他的智商是不低的,但可能会伤到别人,也可能是被别人伤到。但有的孩子可能说他的行为很好,他的内心是很安静的,而学校采取'一刀切'的方法,能不收尽量不收,能往外推就尽量往外推。"(访谈样本M12)

此外,智力障碍青少年智力水平较低,大部分孤独症青少年都会有不同程度的社交障碍和语言障碍,在学校学习时易遭受歧视乃至校园霸凌,这极大地阻碍着心智障碍青少年融入学校的环境氛围,更直接影响了其在学校中接受教育。

"我的孩子读到小学升初中就没读了,因为她实在跟不上,也不会写作业。其他小孩子也不理她,就算我陪着她去学校陪读,但是回家后她还是这里少一支笔,那里少一本书。后来她去了辅读学校,其他那些听障的孩子欺负她,我

除了赶走他们，也没别的办法。"（访谈样本 M1）

"我的孙子是重度孤独症，他多动，如果他能够坐在学校上一节课，那就是很厉害的。"（访谈样本 G1）

"这个学校刚开始同意我的孩子入学，第二天就遭到了学校家长的反对，他们知道突然插了个小孩进来，肯定是学生回去讲给家长的，学生都八九岁了，都懂事了，都知道有这么一个孩子，而且孩子不说话，在课堂上还发出声音。当时校长也不让我陪读，所以其他孩子就把这些情况反馈给家长，家长就联名到学校告状。学校校长缺乏融合教育的理念，他也说服不了这些家长，那就把我们孩子硬生生地退回来了……这个学期相当于没让我们进校门。"（访谈样本 M12）

最后，由于心智障碍青少年学习能力有限，学校缺乏针对心智障碍青少年的特教方法，孤独症青少年的康复需求难以得到满足，且孤独症青少年接受文化知识能力有限，会出现无法适应辅读学校学习生活、无法跟进学习进度的情况，因而中断学校教育。而在接受完辅读或者培智学校的九年义务教育之后难以升学，缺乏后续的康复，只能回归家庭或寻找大龄心智障碍者康复机构进行康复，康复质量难以保障，这不仅不利于心智障碍青少年的康复，更有可能使心智障碍青少年的行为倒退，导致之前的努力付诸东流。

家长座谈会中，6 名心智障碍人士曾在辅读学校就读，但家长均表示辅读学校教育效果较差，未能满足孩子康复需要。3 名心智障碍人士在机构进行康复。

"QT 从 L 机构出来后就去了辅读学校，九年义务教育没怎么花钱，一至四年级的学习内容掌握得比较好，后来因为难度增加而无法接受，他也没有兴趣了。而且辅读学校没有针对孤独症孩子的教师和特教方法，后来他就没去了，来到了服务机构 M。"（访谈样本 M16）

"我家孩子去年到辅读学校就读，之前没上过学。公办学校只教文化知识，孩子自己学还学不进去。我家孩子是特殊孩子，只学文化不行，孩子必须要进行康复，两者相结合才行。"（访谈样本 F4）

"上学的话一开始住学校的时候，所谓的孤独症孩子他们有个共同点就是沉浸在自己的世界中，老师和校长很难看管得住这些孩子，所以对家长来说，很多时候不是不想自己孩子去上学，而是会遇到很多阻力。即使申请入学成功了，后续如果没有一些支持的话，也是相当艰难的。"（访谈样本 M15）

"像我们走到现在的话，学校这种环境确实能让孩子有所进步，但社会性康复需要很难得到满足。心理医生会知道引导情绪，然后会减少情绪问题，但孩子在学校情绪不好时很容易中途被退掉，这是我个人感受。"（访谈样本 M12）

"在辅读学校学习，3 个老师负责 10 个或者 12 个孩子，他们只能在能力范围之内教育孩子。当然，我孩子确实也有进步，只是说没有达到我想要的那种程度。"（访谈样本 M13）

（2）机构康复不规范

除了在辅读学校等机构进行就读，康复机构在心智障碍青少年患者的干预中起到了重要作用。但我国心智障碍康复机构起步较晚，大部分都是由心智障碍者家庭依照经验创建的民营机构，且缺乏相关的市场监管，这就导致目前市场上的心智障碍康复机构鱼龙混杂，良莠不齐。缺乏一定的行业标准和相关工作人员的培训要求，其康复的科学性和效果性难以保证。

此外，心智障碍康复机构的质量参差不齐，好机构难寻，使得心智障碍青少年不断转换康复地点，不利于心智障碍青少年持续稳定康复。访谈中，不少家庭都有辗转多地、参与多个机构干预过程的经历，但效果参差不齐，好的心智障碍康复干预机构仅靠家长之间的口口相传。

"我小孩也是去过北京啊，广州啊，都跑遍了，效果都还不错，就是太远了，后来回武汉之后一直没有什么效果。后来还是别的家长给我介绍了这个机构，我带着孩子来上了几次课觉得还可以，说实话也主要是给孩子找个地方玩，让他开心一点。"（访谈样本 M7）

"我儿子就是走了一个很大的弯路，之前我带着孩子也去过很多机构，花的时间也很多，但是收获很小。我的孩子在别的机构里面，他的学习能力很差。那里一直都是一对一的那种学习，但我的孩子是那种性格很活泼的孩子，不适合坐在那里跟他一对一地学习，所以在那个机构里面学了很多年，进步不大。后来由于家庭的原因，我又把孩子送到一个住读的机构，但是在那里读了3年，我就是一直看着孩子没有变化。"（访谈样本 M13）

当前康复机构针对0~14岁心智障碍儿童的感统康复训练缺乏与社会融合的内容，心智障碍儿童结束康复训练后生活能力较差，家庭照顾压力直线上升，大龄心智障碍儿童的后续康复更加艰难。针对14岁以上的大龄心智障碍群体的服务机构数量严重不足，为该类群体提供基本自我照顾，具备一定生活技能，良好参与社会生活的社区康复服务亟须补充和完善。大龄心智障碍康复机构比小龄心智障碍康复机构面临更多困境，其数量更为稀少且应对风险能力低，可能导致大龄心智障碍康复青少年在结束小龄心智障碍康复机构或辅读学校教育后难以找到合适的康复机构而中断康复，最终在家照料，阻碍了心智障碍青少年康复延续性。大龄心智障碍康复机构应对风险能力差表现为：规模小，收费较低，盈利少，容易亏损；家长经济压力大而生源易流失；数量少，缺乏可借鉴经验；缺少政府支持；存在师资容易流失问题；康复目标转变，即由康复变为社会融合，康复过程中存在风险，为机构带来新挑战。

"大龄机构基本是家长在运营，规模小，没有政府支持做不下去。而且有些大龄机构的思维仍然没有转换过来，仍然是小龄机构的思维。大龄机构关键在于，第一要培养居家技能，第二就是社区融合存在风险。我们这是闯出一条血路来。要办大龄机构，要承担很大的心理压力，更要不怕亏本。一来机构老师难留，二来家长费用支出也大，办着办着就很容易没信心。"（访谈样本 M3 服务机构 M 负责人）

3.社区服务缺失

社区作为连接家庭与社会的基础组织，在心智障碍患者康复的过程中应是一项重要的资源。通过对心智障碍知识的宣传与普及，部分社区居民正视心智障碍群体的性格和行为特征，为心智障碍青少年提供了和谐包容的社区成长和活动环境，有利于心智障碍青少年和家庭不受歧视，融入社会。

但是目前我国的社区心智障碍康复体系并不完善，社区主要还是面向以老弱病残为主体进行服务，未能给心智障碍青少年家庭提供及时的服务，合理链接其他资源。即使有部分社区为城市青少年心智障碍者家庭提供帮助，也是社区自发的行为，并没有一套规范的流程和固定的模式。而且由于社区基层事务繁忙，无法提供专业服务，没有足够的精力和专业人员来负责对接心智障碍者家庭的福利保障，因此心智障碍者家庭获得的社区支持仍有限。部分社区对心智障碍者家庭的支持仍局限于节日慰问和福利补贴，社区内缺乏专业人员，无法开展专业活动提高心智障碍者家庭复原力。

"可能因为我们是外地过来的，社区对我们不太方便管理，很多政策也不太适用，所以社区这边对我们的关心是比较少的。"（访谈样本 M5）

"社区给予我们的帮助仍然存在不足，可能因为相关政策还是比较小众。以前，有时候有的政策已经出台，我们去问，社区工作人员也不知道，更别说通知我们去办。不过近些年好了些，社区会比较主动上门拜访一下，逢年过节也会来慰问一下，有时候还是蛮感动的。"（访谈样本 M2）

三、健全心智障碍青少年家庭康复服务支持体系的举措

（一）提升家庭照料能力

1. 缓解家长情绪问题

通过建立家长互助组织缓解家长情绪问题。心智障碍家长自救意识和能力较强，家长资源有很多值得发掘之处，特别是有关育儿技巧及心路历程，对于新家长是宝贵的经验，家长间的交流和互动不但可以提升理念和技能，还能起到心理援助、情绪疏导的作用。由心智障碍家长自发建立的互助平台和联系网络为这些特殊儿童家庭提供必要的情感支持、资源信息和服务帮助，为家长赋能增权，让家长得到喘息，帮助家长建立起个人的社会支持网络。缓解家长情绪问题，有助于家长更理智地进行家庭教育，减少暴力行为。

2.提高家长康复认知

虽然多数家长都在积极寻找心智障碍青少年康复方法，但实际上心智障碍康复还未形成共同的社会认识，家长对康复教育机构的选择无所适从，导致家长对康复方法的盲目尝试，耽误最佳康复训练时机。应定期举办家长交流和培训活动，通过邀请资深专家培训、优秀家长交流等形式，帮助家长树立正确的康复教育理念和学习科学的教育方法，提高家长对心智障碍特点的了解程度，以及康复观念、康复方法、康复计划与方向认知水平，确定正确有效的康复目标，避免对康复方法的盲目尝试，提高对康复机构科学性的判断能力。同时家长在日常家庭教育过程中创造机会锻炼心智障碍青少年生活自理能力，帮助孩子达到生活自理、自我照顾能力，直至未来的生活独立，更好地融入社区生活、社会生活。

3.引导家庭康复行为

由心智障碍康复专业人士对心智障碍者家庭进行定期家访，了解家庭康复情况，提供康复行为引导。对急于求成型、听之任之型、消极被动型的家长进行康复观念及心态的引导，针对在家庭教育中不同的错误教育方式进行纠正。

（二）建设康复—托养服务体系

从政府、学校、社会组织、社区等多方面构建残障儿童康复—托养服务体系。

1.政府发挥政策制定、组织协调、监督评估作用

作为政策制定者，中央政府应从宏观政策层面制定有关促进心智障碍者康复及其家庭支持的中长期发展规划，同时，地方政府也要根据当地实际制定出具体的实施细则。作为组织协调者，中央政府应将针对心智障碍者及其家庭的碎片化社会保障制度加以整合，形成合力，提高政策实施效率，凝聚各方力量为患者及其家庭成员提供服务。作为监督评估者，各级政府应定期负责监督各项针对心智障碍者家庭政策的落实情况，及时做好评估工作。

政府具体要加大对心智障碍者家庭的经济支持力度，降低户籍和年龄的约束，减轻心智障碍者家庭经济负担；也要根据心智障碍患者的实际康复需求建立康复训练中心，减少医疗资源不平衡的现象。加大康复机构扶持力度，鼓励

更多专业的儿童康复机构成立，优化残疾儿童终身康复服务，切实解决"14岁后无补贴、16岁后想就业"以及"机构不收他、他没地方待、家长看不住他"等现实问题。

2. 推动心智障碍青少年融入学校

学校教育对于核心障碍在于社会交往和交流障碍的孤独症儿童以及认知障碍的智力障碍者来说尤为重要，学校是心智障碍青少年与外界接触的最重要的场所，学校应提高融合教育意识，为心智障碍者家庭投入更多的精力和财力。在教学方面，进一步制定细化普通学校随班就读教育教学工作专业标准，优化特校学前康复训练模式，不断提高资源教师专业素质，进一步健全随班就读工作机制。并进一步补充康复教学设备，提高特校和随班就读学校设备的智能化，开展形式多样的专业训练，满足不同类别残疾学生康复需要。从物质和师资两方面支持帮助心智障碍青少年能顺利完成学业，真正融入学校的氛围中。

3. 提高心智障碍康复机构康复服务质量

心智障碍康复机构作为给孤独症青少年提供服务的主体，需要充分发挥其专业性，有效提升对心智障碍者家庭服务的质量和效率，满足心智障碍青少年家庭的多元化、个性化需求。尤其心智障碍机构要树立正确的康复观念，在制度上多与政府福利部门合作，切实为心智障碍者家庭提供保障；在项目上多方联动整合资源，为心智障碍者家庭提供更加专业且精细的服务；在服务上加强专业人才培育，综合运用多种专业方法，帮助心智障碍青少年更好地康复；在宣传上提高心智障碍者社会认知度，减少心智障碍者社会歧视，在专业人员上建立完善心智障碍康复人员培养制度，培养一批心智障碍康复领导者、管理者、协调员和康复员。

4. 发挥社区依托作用，连接家庭缺口资源与外部资源

社区应充分发挥作为外部资源与内部缺口的连接作用，实现社区在心智障碍青少年家庭支持中的依托作用。社区工作人员要切实掌握社区内心智障碍青少年家庭的需求并及时对他们进行帮扶，定期关怀。积极主动与相关机构配合，尽快建立社区内部的康复流程，有效地帮助社区内心智障碍青少年开展康复工作，使患者家属能与专业机构保持长效及时的沟通。社区应当及时高效地将国

家对心智障碍青少年家庭的相关社会保障政策予以落实，并为心智障碍群体融入社区活动提供场地等支持。此外，社区应引入社会工作者等提供社会照顾服务，缓解心智障碍青少年家庭照顾压力，弥补家庭照顾不足，防范家庭照顾缺失风险。将社区康复纳入社区综合服务体系，坚持"机构康复""社区康复"并重，让14岁以上残障青少年接触到不同的人，能够体验、参与社区生活。用好社区医生、家庭医生资源，定期进行社区巡诊，提供健康咨询，开展健康教育宣讲活动等，动员社区和社会接纳14岁以上残障青少年及其家庭。充分运用电视、广播、报刊、网络、社会舆论等渠道，加大宣传，营造良好、友好社会环境，助力心智障碍青少年实现自我价值。

本章小结

目前心智障碍青少年家庭面临的照料负担主要包括经济负担、家庭照顾体系失调、家庭教育失当以及家庭照顾下的潜在风险。

影响心智障碍青少年家庭照料负担的因素有内外两方面。一方面，家庭内部因素包括照顾者自身对心智障碍的认知水平及情绪压力、家庭教育方式、家庭内部分工、家庭关系和睦程度等。另一方面，家庭外部因素包括学校教育、机构教育等教育环境因素，学校教育难以融入、机构教育不规范等问题使心智障碍青少年康复过程充满曲折，阻碍了心智障碍青少年康复延续性。

从心智障碍青少年家庭康复服务支持体系来看，心智障碍青少年家庭不仅得到政府、残联的正式支持，主要以经济支持为主。同时也得到了来自社会组织、亲戚朋辈、社区等非正式支持，其中，社会组织提供教育支持以及家长信息支持，亲戚朋辈主要提供人力、情感支持，社区主要通过场所支持。但也存在政府、亲人经济支持有限、家长及亲人随着年龄变老照顾能力下降、社区缺位、社会组织抗风险能力较低等问题。

针对心智障碍者家庭照顾困境，社会各方应共同发力建立健全心智障碍者家庭康复服务支持体系，解决心智障碍青少年基本生活问题、减轻心智障碍青少年照顾者负担、促进服务型社会政府转型发展、构建心智障碍者康复—托养服务体系。

第四章 心智障碍青少年家庭的精神压力和心理健康支持体系

一、心智障碍青少年家庭的精神压力及获得的支持现状

（一）心智障碍青少年家庭的精神压力

1. 家长心理上对孩子的确诊难以适应

在得知孩子患有心智障碍后，不少家长无法接受这个现实，不敢相信自己的孩子会有问题。

"以前刚开始发现孩子有问题的时候，我非常接受不了。"（访谈样本F4）

家长在面对孩子确诊心智障碍时，由于对此缺乏相应的了解而茫然不知所措，感到无助和绝望。

"一开始接触时我不太了解，那种感受怎么说？就感觉天崩地裂了。"（访谈样本M6）

"那就是很绝望，没有其他的，就很绝望，也很无助。当时就是这样的，很茫然，等于说好像天塌下来一样，不知道该怎么办。"（访谈样本M4）

一些高学历的家长在面对孩子的情况时，无法接受拥有这样一个患有心智

障碍孩子所带来的心理落差感，内心难以接受。

"我和他爸爸都是高学历嘛，我们都是武大的研究生毕业，有这样一个孩子我们其实是接受不了的，直到现在，我们心里还是过不了这个坎。"（访谈样本 M10）

加之家长身边没有同样经历的同辈群体，无法了解相关信息，不知道该找谁帮助，觉得自己在给社会添麻烦。

"我身边没有这样的朋友去告诉我该怎么办，其实我当时很无助，我不知道该怎么去做。然后我就说怎么办，我到底是要去找哪里，我要去找社会吗？然后是不是给社会添麻烦了？会不会伤害我自己或者是怎么样？我不知道该怎么办。"（访谈样本 M2）

2. 长期的照顾康复经历积累了沉重的心理负担

由于孤独症青少年无法自理，甚至无法控制自己的行为，与照顾普通青少年相比，照顾孤独症青少年需要更多的体力和时间，照顾者往往没有办法更多地考虑自身需求，没有了自我和生活。在经历了多年的干预之后，长期处于高压状态更会使照顾者陷入疲惫、痛苦的状态。

"有孩子就没有自我，说的就是我们这类家庭的家长的共同心声，我好几年都没添置什么新衣服，有亲戚朋友或者其他的好朋友送的一些衣服，也可以穿几年。"（访谈样本 M6）

"其实有了孩子之后就没有自我了。"（访谈样本 M6）

"因为一旦有这种孩子，就感觉这个家庭就完了，我们没有自由，没有自我。可以这样说，完全就不能像正常的人一样去生活，想干嘛就干嘛，比如想出去旅游，是不可能的。"（访谈样本 M2）

机构大部分的心智障碍家长正处中年，正在事业发展的关键时期，同时也是孩子康复的关键时期，一些家长在放弃工作全职照顾孩子和实现自身价值继续工作之间犹豫，一部分家长选择继续工作后回过头反思，产生认为自己的选择耽误了孩子治疗的消极心理，进而产生痛苦、自责、后悔、焦虑等负面情绪。

"其实我是比较后悔的，我总是觉得要是我能够放弃工作来照顾孩子，说不定孩子能有更大的进步，所以我常常会想孩子这样是不是我的问题，想得晚上失眠，睡不着觉，非常自责。"（访谈样本 M7）

"我觉得我不上班的话，好像自己就没有什么寄托了一样，还是想实现一下自我价值。"（访谈样本 M7）

同时孩子在康复训练过程中变化比较缓慢，缓慢到可能几个月都看不到什么效果，家长有时候察觉不到孩子有什么变化，从而产生一种孩子情况没有改善，自己的付出都是无用的挫败感。

"这几年在机构培训的效果不是那么理想。

"我现在已经忘记了一个叫什么微创的手术，就是一个神经紊乱的微创手术，其实也没多大效果。当时可能是心理作用，觉得花了几万块钱肯定有效果，回去之后就发现一点效果都没有，完全就是被骗钱的感觉。"（访谈样本 M2)

加之我国社会环境对于孤独症的了解较少，孤独症家庭往往被他人贴上"有问题"的标签，不被他人理解和干预效果逐渐不明显的长期痛苦煎熬下，使不少家长的情绪长期处于一种低迷的状态。

"我的孩子在地铁里面会自言自语，只要他自言自语的时候，别人就会投来异样的眼光，这让我难以接受。"（访谈样本 M2）

"我们这样的孩子，有的时候其实他是无心的，他很友好地叫阿姨，但人家不理解我们，人家就会很烦。一些有爱心的人，他会对孩子有回应，但是没有爱心的人他会很烦，他会躲开，或者是用那种眼神来看我们这样的孩子，我希望社会能够给予我们这样的孩子更大的包容和理解。"（访谈样本 M13）

3. 家长对孩子未来的担忧

由于心智障碍孩子的特殊性，需要终身康复；随着时间的推移，心智障碍青少年逐渐成长强大而其父母逐渐老去，照顾者没有足够的精力和能力来照顾孩子，便开始产生对日后孩子未来生存和自身患病或去世后的孩子照料缺失的忧虑，这也是孤独症青少年家庭普遍存在的精神压力之一。

"但是孩子以后怎么办？这是我们最关心的一个问题。他以后怎么办？"（访谈样本 M2）

"至于说我和她爸爸，我们将来老了，不过我们现在已经老了，我们快60岁了。我们现在已经对我们的老年生活有安排，对于我们小孩的话，我们将来不管她有家庭还是没家庭，将来我和她爸爸肯定是要走在她前面。将来她肯定是一个人，那么现在我们就做些准备，我们就告诉她怎么去照顾自己，怎么自理，怎么去做最常见的事情，比方说买菜、做饭、洗衣，她现在都会，我们就培养她的独立能力。"（访谈样本 M4）

对于心智障碍青少年的家长而言，伴随着生活成本增加的现实情况，还面临着心智障碍买保险难以及孩子未来没有地方去等问题，这些问题也成为家长精神压力的主要来源。

"以后我老了怎么办？我要挣多少钱才能足够他生活？社会在发展，也在进步，等我们老了以后，他怎么办？他怎么生存？买保险吧，也有很多不足的地方，这是我们一开始考虑得最多的地方。"（访谈样本 F4）

"他有残疾，不能够自理。其实我想让他去工作，可是别人不可能要他。而且我们自己做生意，也知道到外面去打工的话，也不可能要这种孩子去打工，去工作。"（访谈样本 M2)

4. 经济压力带来的负面情绪

心智障碍孩子的康复治疗是终身康复，需要大量精力的同时也需要不少的经济投入。并且不少家长因为要照顾心智障碍孩子，放弃了自己的收入，收入来源减少。另外，仅有少数地区的康复补贴到20岁，一些心智障碍孩子的家长开始忧虑失去补贴后自身收入无法承担起孩子的康复费用。

"国家能不能在这个补助方面把年龄放宽一点？因为据说现在是办到20岁，每年1万块钱。如果超出年龄，我每个月还得掏2000多元，我们的经济负担还是蛮重的。因为我也将老去，我是感觉越来越力不从心，所以我也希望政府在这方面能够把年龄放宽一点，这是我们作为家长一个小小的心愿。"（访

谈样本 M1）

"主要是经济方面压力大，主要靠自己一个人工作，他妈妈因为照顾他十几年都没工作。"（访谈样本 F3）

（二）心智障碍青少年家庭获得支持的现状

1. 心智障碍青少年家庭获得的正式支持

（1）政府

国家政策对孤独症青少年的家庭支持以康复补贴为主，为正在康复机构参与康复训练的孤独症青少年提供部分补贴，家庭自身只需支出剩余部分，这在很大程度上缓解了因巨大的康复治疗费用而产生的家庭经济负担。在孤独症青少年教育方面，政府设立针对残疾人的辅读学校，并针对部分中轻度孤独症青少年设立并落实普通学校"随班就读"政策，提升孤独症青少年的认知水平，也能在一定程度上提高社会融合能力，减轻家庭压力。但是专门针对心智障碍儿童家庭的相关精神支持政策还不完善，没有全国性的针对性政策，大部分政策还是针对心智障碍儿童治疗和资金补助方面，大部分省市在这一块的政策还处于空白状态，部分省市在康复救助政策当中明确有家庭精神支持内容。

比如，北京市心智障碍儿童康复救助政策当中，就明确为有需要的家庭提供巡回指导、随访和家长心理咨询等精神支持内容，山东省则采用"机构＋社区＋家庭"全周期康复救助模式，帮助家庭解决实际困难。

目前我国针对残疾人康复训练和社会融合的政策不断完善，使得患有孤独症谱系障碍人士进入社会公众视野并得到关注，一方面有利于建立一个包容的社会；另一方面让孤独症家长看到希望，减少焦虑。

（2）残联

一方面，残联承担政府委托的部分行政职能，发展和管理残疾人事业。部分政策方案由残联发布实施。例如，2019 年武汉市江岸区残联发布《武汉市江岸区大龄孤独症居家生活技能及社区融合康复训练项目实施方案》，规定具有武汉市江岸区户籍、15~20 岁可向所在街道提出申请康复训练服务，并且每年有一万元的补贴等。这些方案为心智障碍者家庭提供了社会支持，缓解家长的无助感，减轻经济压力和情绪带来的负面影响。

另一方面，心智障碍者家庭的困境可以通过残联反映，残联方面发挥研究、制定和实施心智障碍事业的法律法规、政策规划和沟通政府、社会与残疾人之间的联系的职责，同时发挥宣传残疾人事业的效能，动员社会理解、尊重、关心、帮助心智障碍者消除歧视、偏见和障碍。

2.心智障碍青少年家庭获得的非正式支持

（1）社会组织：提供喘息服务、家庭照顾能力培训、家长互助等

提供喘息服务：针对孤独症家长日常生活中的照顾压力，社会组织服务机构 M 开展艺术疗愈主题美工课，要求家长和孩子一起制作手工，不仅能缓解家长的生活压力，又增进了亲子关系。

此外，服务机构 M 与武汉市多所高校、社会力量合作，开展多类型的喘息服务，疏导焦虑情绪，释放心理压力，恢复抗逆力，让家长能够从长时间高强度的家庭康复照顾中暂时解脱出来，能够有一个缓解压力的时间。此外，高校发挥专业优势，开展喘息服务活动。H 大学生希望团队借妇女节、母亲节等节日，多次开展如插花、蛋糕 Diy 等形式的家长喘息服务活动，缓解家长的紧张和交流情绪，同时也为家长赋能增权，展示出积极阳光的心态，从而提升家庭幸福感。某位访谈对象列举了服务机构 M 举办的喘息服务，并表示这些活动都提升了患孤独症家庭的支持，缓解了家长的照顾压力。

"服务机构 M 之前开展了很多喘息服务活动，有时候组织大家出去玩，租一辆车带着四五十个家庭出去玩，去东湖、黄陂这些不太远的地方。最近几年有一位社会爱心人士建立的志愿服务队，每两个月都会组织一次喘息服务活动，参与的家庭一般有30个左右，都是专业人士带着我们做活动，比如画画、烹饪等。有一些高校也会组织志愿者来开展活动，比如插花活动，都能帮助家长从这种紧张疲惫中走出来，丰富生活，减轻负担。"（访谈样本 M15）

家长互助：通过社会组织的家长互助活动让家长能够有一个情绪释放的豁口，从而在一定程度上减轻家长的精神压力。

"我们有组织家长大讲堂，我邀请家长们来分享，类似心理辅导，我们家

长就是辅导，家长去讲的时候其实就是对另一个家长的疗愈，真正的心理医生治疗不了这些家长，为什么？因为不能感同身受。家长们也不愿意跟一个专业的心理医生去倾诉，而更愿意在家长群体中敞开心扉，说了之后也是一种减压。

"现在我们属于孤独症患者家长这个大家庭，我们在一起觉得互相帮助，情况慢慢有所好转。要是一个人，什么都没有，那肯定更难受。我儿子一直在服务机构 M 参加活动，有时候服务机构 M 给我们做心理疏导还是有改变的。"（访谈样本 M5）

家庭照顾能力培训：通过家庭照顾能力培训，让家长掌握一定的家庭康复的方法，使康复在家庭中得以延续，提升孩子康复的效果，让家长减轻挫败感，逐步培养积极心态。

"通过像 M 这样的机构培养，我们慢慢地才明白该怎么去培养她，怎么去引导她，是这样慢慢地学习过来的。"（访谈样本 M4）

"机构成立了乐队，这是武汉市第一支乐队。我觉得这个机构对孩子很好，要说帮助的话，这个机构对我孩子的帮助是最大的。"（访谈样本 M4）

"之前我有些事情不明白，然后通过参加活动就明白了。孩子不仅需要在家庭里得到呵护和帮助，还需要走出去参加社会活动，从而慢慢适应社会，这是机构对我们的启发和帮助。这种机构的帮助很重要。"（访谈样本 M4）

（2）亲戚、朋辈

亲戚和朋辈群体主要为家长提供情感支持和提醒帮助，为家长提供和谐友爱的氛围，缓解家长的焦虑，同时充当倾听者、意见提供者的角色，帮助家长缓解自身的消极情绪。

亲戚朋友在家长迷茫、不知所措的时候，提供一定的意见参考和提醒帮助，帮助家长找到解决问题的方向，减轻家长因迷茫、无助时产生的绝望感，帮助家长逐渐看到希望，树立积极心态。

"在各个方面，亲戚朋友们都给予了我帮助。他们有时候跟我提醒一下，比如说，'孩子这样，你这样教育可能不行，起不到什么作用'，'是不是应该去资深的机构了解一下'或者'去咨询一下医生该怎么做'。我就这样子一路咨询，一路询问，一路学习，然后一路就是实践，慢慢地走过来。"（访谈样本 M4）

朋友能够通过沟通的方式帮助家长放松、冷静下来，减少焦虑的情绪，从而能够更好地应对孩子康复当中的问题。

"朋友们有时候会给我一些提醒，比如说，我作为一个母亲，会有焦虑情绪，有朋友就没有焦虑了。他们会劝我要冷静一点，让我考虑周全一点，这些提醒也是一种帮助。"（访谈样本 M4）

另外，朋友也能为家长提供一个喘息的场域，让家长能够有空间消化自己的消极情绪，缓解家长的心理压力。

"我通常会到外面去和朋友们一起散散心，消化消极的情绪。"（访谈样本 F3）

家人和亲戚在家庭当中所营造的和谐团结的氛围，能够缓解家长的无助感，让家长感觉到自己并不是只有一个人，而是有一个家庭作为支持；也能帮助家长在这样和谐团结的氛围中心态得到放松。

"我当时经济状况很困难，家人给予了我很大的经济援助，因为我们都没有父母了，所以姐妹之间都很团结，家里的氛围很和谐。"（访谈样本 M4）

"我孩子的姑姑蛮好的，总在帮助我们，亲戚们总在鼓励我，有时候也帮助我。"（访谈样本 M6）

"老人叫我在武汉安心带孩子，我们家老人都很好，很支持我们。"（访谈样本 M5）

（3）社区

社区为家长传达一些政策通知，帮助家长了解相关政策以更好地应对家庭困境，承担起作为连接家长和相关政策的桥梁作用，帮助家长减轻内心的无助感。

"社区工作人员提供一些政策信息，或者通知各方面消息。"（访谈样本 F3）

"社区近两年还可以，有对孩子提供帮助。之前是很少的。国家对这类孩子的补助也很少，一年大概也就是 3000 多元。"（访谈样本 M11）

二、心智障碍青少年家庭的精神压力及其影响因素

（一）心智障碍青少年家庭内部因素对精神压力的影响

1. 康复延续不足，增加家庭精神压力

部分家长认为专业知识与康复训练仅由专业老师教导，自己无须过问，孩子的康复只是康复机构的事情，没有能清楚地认识到家长在康复中应该承担起的责任以及缺乏家庭康复的意识，进而导致心智障碍青少年的康复在家庭情境下难以延续。长时间大量地投入，但康复效果不佳的情况使家长逐渐丧失一开始的热情与期待，在训练效果与心理预期产生较大差距时，更让家长变得消极，难以使用积极的态度来面对困境。

"等我再去跟他说话，他经常说这是机构的事情。"（访谈样本 F2）

"关键是家长觉得都是机构的事情。"（访谈样本 F2）

康复在家庭中延续需要家长有耐心，家长要不断地重复教孩子，帮助孩子康复，但孩子的变化是缓慢的。这样重复的家庭康复内容和收效甚微会让家长逐渐丧失耐心，家长的精神压力也随之增加。

"孩子在家里就由家长负责，包括你要教他怎么做，一点一滴地教，他是慢慢地改变。像普通的孩子，可能教两三遍就会了，但是孤独症孩子你教 20 遍他可能都不会，要不断地教。"（访谈样本 F2）

2. 缺乏康复手段与方法，增加家庭精神压力

心智障碍的康复过程具有专业化、长期性、复杂性等特点，心智障碍青少年的康复不仅需要康复机构的培训和治疗，更需要家长的支持配合。由于大部分家长并没有受过相关的专业培训，家长对专业知识技能的了解与掌握程度远远不够其应对孩子的家庭衔接性训练，大部分家长的家庭教育中也缺乏相关康复手段与方法，加之对孤独症孩子的抚养和教育过程更为复杂，缺乏专业性和科学性的家庭康复可能导致家长对孤独症孩子的干预无效，甚至产生负面效果。

"家长原先可能都没让孩子走出家门，没踏入过社会，孩子更不可能融入社会了，他只能自生自灭。再加上家长缺乏方法，内心很纠结，就会长期失眠，可能会得抑郁症。这种家庭还有什么生活质量吗？家长没有自我，真是没有生活了。"（访谈样本 M3）

"我不知道用什么方法解决，找不到。不知道怎么样培养他的自理能力，不知道怎么样比较好。"（访谈样本 G1）

"那个孩子 9 岁的时候，我儿子两岁，他比我儿子大 7 岁。他现在接近 30 岁了。他那个时候是我的榜样，我看到他就仰望，因为他语言也好，行为也好，没什么自我刺激行为，而且他普通话也非常标准。他现在是什么情况？他一路走一路拿超市的东西，饮料随便喝，就不给钱的，像拿着百家碗一样抢着吃，然后他妈妈就跟在后面付钱。"（访谈样本 M3）

3. 家庭结构变化，加重家庭精神压力

随着二孩政策的放开，一些心智障碍者家庭选择生育二孩。同时养育二孩以及照顾心智障碍的孩子给家庭带来了沉重的压力。

"毕竟我们也养了老二，我们上海还有老人，吃的是老人的，跟他们家一模一样，就是生活费全部靠父母的退休金。我们的工资就是负责还房贷、养小孩。"（访谈样本 M4）

心智障碍孩子照顾者的一方患病或者离世，家庭结构产生变化，大部分的家庭照顾责任转移到其他家庭成员身上，一些家庭成员在此之前未承担过孩子的照顾责任，这样的变化使得这些家庭成员无法迅速调整状态应对变化，精神压力也随之增加。

"之前都是他妈妈带他，我只负责工作。原来他妈妈是在幼儿园上班的。2018 年就到机构上班，一边学习，一边带小孩，后来因为意外去世了，只能我带他了。"（访谈样本 F3）

4. 家庭分工不合理

照顾心智障碍青少年应该是一个长期的过程，在其中应该有合理的分工，尽可能地动员每个家庭都参与到心智障碍青少年的照顾中来。但是在大部分心智障碍者家庭中，母亲往往是充当照顾者的第一人选，且需要兼顾日常琐碎的家务，很少有自己的休息喘息时间，长时间的照顾往往使照顾者精疲力竭，心情烦躁，家庭内缺乏有效的沟通与分工。

"孩子原来一直是他妈妈在照顾，2018年他妈妈出意外去世之后，因为我还要上班，他奶奶就主动说来帮我带小孩，要不然我也不知道怎么办。"（访谈样本F3）

"我时刻处于紧张的精神状态，必须等他眼睛闭上，睡着了，我整个人才放松下来。"（访谈样本M1）

（二）心智障碍青少年家庭外部支持体系的影响

1. 社区服务的缺位

社区作为连接家庭与社会的基础组织，在孤独症患者康复的过程中是一项重要的资源。但是目前我国的社区心智障碍康复体系并不完全，社区未能给心智障碍青少年家庭提供及时的服务，有效链接其他资源。即使有部分社区为城市青少年心智障碍者家庭提供帮助，也是社区自发的行为，并没有一套规范的流程和固定的模式；另外，一些外地的心智障碍者家庭因为不是本地的原因不了解不清楚相关社区的情况，得不到有效的社区服务提供。

"社区比较缺位，没有及时地传达一些政策或者相关信息。"（访谈样本M7）

"社区对我们的帮助还是不太够的，可能因为我们这种情况比较小众。以前有时候有的政策下来了，我们到社区去询问，社区工作人员也不知道，更别说通知我们去办。不过近些年有所改善，社区会主动上门拜访，逢年过节也会来慰问，我们有时候还是挺感动的。"（访谈样本M2）

"社区几乎没有什么帮助。可能因为我是外地的，社区也不太关注我们。"（访谈样本M5）

2. 社会环境不理解会给家长带来负面压力

心智障碍儿童经常会做出一些异于常人的动作，例如尖叫、哭泣、摔东西等行为。由于社会上多数人对心智障碍的认识不够以及对心智障碍儿童的行为并不理解，所以会产生极大误解，缺乏包容性。这会让儿童及家长受到来自社会的排斥继而产生心理负担。

"我们心智障碍的孩子，可以用一句话来形容就是像'定时炸弹'，说要爆炸就爆炸。你带他出去逛超市，他会无缘无故地情绪失控，你都没办法。我孩子18岁，身高1米88，本身走出去就引人注目，他再一发脾气，整个超市的人都会看着他。"（访谈样本M1）

另外，相关的政策没有落实到位，义务教育阶段的一些学校的领导老师缺乏融合教育的理念以及一些普通孩子家长对心智障碍孩子的偏见，造成心智障碍孩子入学难以及入学后被迫退学等问题，进一步加大了家长的忧虑情绪。

"学校不愿意接收这样的孩子，我们的孩子如果没有人陪他坐，他一个人不能安坐一天，半天都很难，学校的校长可能缺乏融合教育的理念。"（访谈样本M14）

"这所学校一开始同意我们入学，第二天就遭到了学校其他家长的反对。他们知道突然插了个小孩进来，就联名到学校告状。学校的校长缺乏融合教育的理念，也说服不了这些家长，就把我们硬生生退回去了。"（访谈样本M16）

"我们所有患孤独症的孩子都会被归为精神残疾或者是多重残疾，一旦被认定为精神残疾的话，学校那边是非常不友善的，他们不愿意招收精神残疾的孩子。"（访谈样本M12)

三、完善心智障碍青少年家庭心理健康支持体系的举措

心智障碍青少年家庭的精神压力主要分为家庭内部压力和家庭外部压力，家庭内部压力的支持完善对策主要在增强家庭成员自身支持能力和协助家庭成员搭建亲友支持，家庭外部压力的支持完善对策主要在构建社区和社会支持上。

（一）家庭压力的直接支持完善对策

1. 增强家庭成员自身支持能力

增强家庭成员自身支持能力主要是通过专业人士的帮助和链接相关的资源，帮助家长树立正确的康复观念，掌握科学专业的康复方法，稳定家庭情绪和家庭框架，同时让家长逐步调整心态并培育其自我心态调适能力以应对康复中可能面临的各种困境。

（1）对家长普及心智障碍的知识，让家长对其发病原因、应对措施、预后状况，以及疾病的历史和现况等形成一个全面了解，帮助其缓解因不了解心智障碍而产生的无措感。

（2）安排心理咨询师、社工等专业人员对家长进行心态调整方面培训。帮助家长调适心态，加强心路历程建设，增强家长自身的心理承受和调节能力。同时可以安排专业人员的入户辅导，结合其他案例的家庭历程，帮助家长树立正确地应对目前困境的心态，妥善处理因孩子确诊心智障碍所引起的绝望、焦虑、无助等各种家庭心理问题。

（3）帮助家长链接相关的信息资源、接受专业的心理咨询，通过心理疏导舒缓孤独症患者家长的心理压力，使其放松心态，客观地面对困境。

（4）引导家庭树立正确的家庭照顾分工，加强家庭内的沟通和交流，避免家庭成员在照顾孩子过程中的一方缺位问题。

2. 构建亲朋支持

由于亲朋之间关系密切，使得心智障碍者家庭更倾向于向他们倾诉，而亲朋的聆听及即时反馈还可以更有效地缓解心理压力，这种支持更为精准有效，且无可替代。可以在家长接受专业的心理咨询的同时，引导他们去发现身边的可以倾诉、提供精神支持的亲朋，帮助他们构建亲朋支持的网络。

（二）家庭压力的外部支持完善对策

1. 构建社区支持平台

针对心智障碍者家庭面临的社区缺位问题和社会环境问题，需要以社区为抓手，加强构建社区支持，为心智障碍者家庭营造理解、包容的社区氛围，缓解心智障碍者家庭因社区居民的认知偏差而带来的消极心理，同时也为心智障碍者家庭正常生活、心态调整提供了良好的社区环境。

（1）构建融合的社区环境，无条件地接纳孤独症群体，使他们有强烈的归属感，顺利地融入社区。

（2）营造和谐的社区氛围，构建友善的邻里关系，邻里之间相互照应、彼此帮助才能有效地带动整个社区居民了解并接纳心智障碍儿童以及其家庭。

（3）社区机构还要进行广泛调研，深度访谈，充分了解心智障碍者家庭的实际困难，为心智障碍者家庭链接相关资源，提供政策信息。

（4）做好社区宣传工作。利用好社区的宣传栏、电子屏等，抑或组建其他的社区信息平台（如 QQ 群、微信、微博平台等），全面宣传有关孤独症知识、残疾人法律条例、心智障碍孩子的权利和特殊需求等，同时通过该平台展示有特殊才能的心智障碍孩子的作品、表演及所获的奖项等，让社区居民在社区生活当中就能充分了解心智障碍，逐步在潜移默化中营造理解、包容的社区氛围。

（5）做好社区的科普工作。邀请专家或社会上的公益组织对公众科普孤独症相关知识，打消社区居民的顾虑，扭转他们对孤独症的认知偏差，甚至是误解和排斥。另外，专业人员及家长可以根据孩子的特点，逐步带领孩子主动参与社区、融入社区，让社区居民切切实实与他们接触，才能更充分地让居民了解并理解心智障碍群体。

2. 构建社会支持

针对福利政策存在缺陷的问题，必须以政府为主导，完善有关心智障碍者家庭精神支持政策，出台法规，发展专业，培训家长，构建完善的社会支持体系。

（1）扶持孤独症社会服务机构发展家庭精神支持的项目，给予一定的财政补贴，实施半公益化运行模式，以便它们能更有效地开展工作，给予心智障碍孩子及其家庭所需的精神支持，减轻孤独症家庭的负担。

（2）由政府和民政部门牵头，多方面加强与心智障碍康复机构和媒体的合作交流，设置专门的心智障碍者家庭群体网络信息咨询平台，安排专门人员及时解答相关咨询问题和提供相应的心理咨询、精神支持服务。

（3）尽快出台残障人士相关就业促进办法，对残疾人辅助性就业机构加大资金和项目支持，将社会力量纳入支持性就业服务主体。进一步加大政府举办托养服务力度，在院舍内创造更多就业机会，切实做好委托安置等各项工作。针对心智障碍者等不同类别，探索"辅助性就业劳动＋音乐＋活动"模式，进一步加强辅导（特教）机构、社区以及相关政府职能部门的合作交流，打通教育就业堵点，让残障人士特别是14岁以上残障青少年能够就近在社区的小型化的辅助性就业点实现职业康复。

本章小结

心智障碍者家庭面临的精神压力主要是四个方面：①心理上对孩子的确诊难以适应；②长时间高强度照顾带来的各种精神压力；③对孩子未来的担忧情绪；④经济压力带来的负面情绪。由于心智障碍的特殊性，大多数心智障碍孩子需要终身康复，而心智障碍者家庭所面临的精神压力也是长时间的，因此心智障碍者家庭需要的支持也要贯穿整个生命全程。因此，综合家庭内部和外部因素对精神压力的影响，在纵向上，应该从心智障碍孩子生命周期的视角，贯穿诊断—早期干预—幼儿教育—就学—职业培训准备—就业—养老等持续性环节，在心智障碍孩子的每一个成长阶段为家庭提供必要精神支持，同时帮助心智障碍者家庭提升内部精神支持能力。在横向上，需要家庭、亲友、机构、专业群体、社区、社会多方通力合作，形成横向覆盖的家庭精神支持网络，这样才能帮助心智障碍者家庭化解精神压力，提升生活质量。

第五章 心智障碍青少年家庭的社会参与和社会环境支持体系

一、心智障碍青少年家庭的社会参与现状及面临的问题

社会参与是指对社会各方面，如经济、政治、文化、社会工作等活动的认识参与和行为参与。社会主体对社会生活中政治、经济、文化等方面的关心了解与行为投入，使社会成员以某种方式参与国家政治生活、经济生活、文化生活，从而影响社会发展。随着我国社会对心智障碍群体的认识不断提高，心智障碍群体家庭的社会参与也在不断全面深入。然而目前由于社会的主导群体对心智障碍群体及其家庭仍然存在偏见、歧视等心理，尽管心智障碍群体及其家人能够享受到日益增长的社会参与权利，但也被部分排斥在充分的社会参与之外。

（一）政治社会参与有限

对于心智障碍青少年家庭而言，能够积极参与社会政治事务，通过运筹规划对政治决策产生影响是他们的基本需求。政治参与具有表达自我意愿功能，心智障碍青少年家庭可以通过这种方式表达自身诉求，保护自我权益。一些家长能够通过自己的努力间接参与政治社会生活，通过合力宣传发声或者是接受媒体的采访扩大群众对心智障碍群体的认知，让更多人了解到这样一个群体，同时也让决策者关注到这样一个需要提供帮助的群体。M3 是一位心智障碍孩子

的家长，同时也是一家康复机构的负责人，她提到自己发朋友圈是希望引起领导的关注和认可，请家长转发是希望社会大众更了解心智障碍人群。

"这么多年来我一直都是这样做的，你看我朋友圈，从省残联、市残联到区残联所有领导都在我的朋友圈里，我会发一点相关信息。前天我被评为'江岸好人'，那不是我自己需要这个荣誉，而是这个机构需要。为什么我在群里分享，我请家长们转发一下，并不是我要出名，只为让更多人通过这件事知道这个群体，因为不可能每个人都站在台前去，我是站在台前的那个人而已。"（访谈样本 M3）

她还直接参与政治社会生活当中，在政协、残联当中直接为心智障碍孩子发声，让这个声音更有分量、更有影响力，让政策的制定者意识到这个群体的重要性，为未来政策的推动落实贡献一份直接力量。

"做这些事情确实挺累人的，像我接受采访，我日日夜夜地给他提供资料，不是我自己要什么，我就是想让这个群体能够更多地被关注。残联领导重视，未来的政策好推动。我都是为了未来去做准备，然后也更稳定一些。明天我要去市残联参加民主生活会，我是精协代表，我原本是江岸区政协副主席，但是现在我就想为精神残疾这一群体发声，准备调到精协去。所以这次到市残联就是去参加民主生活会，我以前从来不愿意做这个事情，但是现在发现如果不做这个事情，站不到更高的位置，然后更不会被关注。"（访谈样本 M3）

但是目前心智障碍青少年家庭仍然受制于自身群体圈子较小、影响力小、发声的能力有限以及社会的有效参与渠道匮乏的限制，对政治决策的影响力较弱，其政治社会参与仍然不充分。

"我们非常感谢，非常感恩，包括你们也好，能够为我们去发声，就是教授也好，研究也好，就是能够为我们去发声，我们真是非常感恩。因为我们自己的能力有限，没有办法去做到这些，毕竟我们的圈子太小了。"（访谈样本 M2）

"我已经做了我应该做的事情，我手中也没有权力也没有其他的方式方法，但是我觉得还是要通过你们这些专家学者来为我们发声。我们家长的发声可能

微乎其微，因为我们没办法接触到高层领导，也没办法接触到决策机构。"（访谈样本 M16）

（二）缺乏充分的社会参与

心智障碍儿童生活自理能力差，需要照顾者的全天照顾。加之，目前国际学界普遍认为心智障碍患者最佳干预年龄为 6 岁以前，为了保障患儿的康复训练，心智障碍儿童父亲或母亲中的一方不得不选择辞职，专注于孩子的照顾和康复训练工作。母亲是心智障碍儿童的重要照顾者。工作的失去与放弃不仅仅意味着经济来源的减少，也让心智障碍儿童家庭照顾者失去了由工作联系的人际交往，社交圈萎缩、人际交往受阻，社会参与受到限制，这些让他们缺乏自己作为独立个体的社会参与感，无法享受自己作为一个社会人应有的充分的社会参与权利。

"一旦有这种孩子，这个家庭就完了，我们没有自由，然后没有自我，可以这样说，完全就不能像正常的人一样地去生活。想干嘛就干嘛，比如我想出去旅游，是不可能的。"（访谈样本 M2）

二、心智障碍青少年家庭的社会环境支持现状及问题

（一）心智障碍青少年家庭社会参与的正式支持

1. 正式支持现状

残疾人联合会通过举办社会活动等方式为心智障碍者家庭社会参与提供支持，为心智障碍青少年家庭提供发声渠道，搭建家庭与高校、机构、社会的沟通桥梁。如 2022 年，武汉市江岸区残联、洪山区残联组织各心智障碍康复机构开展"2022 年世界孤独症日系列活动之'陪伴成长，共同守护'融合教育经验交流分享会"活动，心智障碍家长参与其中，表达心智障碍青少年融合教育的现实诉求，维护心智障碍者青少年权利，同时为推进康复机构服务新常态建设贡献自己的一份力量。

孤独症儿童家长、康复教育老师，爱心媒体等参与了"2022 年世界孤独症日系列活动之'陪伴成长，共同守护'融合教育经验交流分享会"活动。家长

代表 Z 女士在活动中从心智障碍者家长的角度分享了自己对融合教育的理解："融合不是空谈，一定是家长努力争取得来的。当发生一件事情的时候，你就教你的孩子，正确引导你的孩子的时候，身边的人和社会已经被你教育了。孩子虽然是特殊的，但这个家庭很努力地在帮助这个孩子。他作为普通人会想我能做什么，如何去帮助这个孩子一点点。慢慢地，孩子生活的范围就大了，孩子生活的空间就大了，知道如何帮助照顾孩子的人就多了。我认为社区融合就是孩子能不能在社区自由活动，能不能在小区自己买个东西，能不能在小区去独立剪个头发。融合就是接纳，融合就是在他人一定的帮助下，通过孩子的能力把他们融在一起。我们孩子有 20% 的能力，社会有 80% 的接纳，那就是 100%。孩子的能力是有限的，但社会的接纳是无限的。"（引自微信公众号：服务机构 M）

残疾人联合会为心智障碍者家长创办心智障碍康复机构提供经济支持，在家长创办初期给予一定的经济保障，并对机构的健康良性发展提供指导。

2013 年 7 月我们开始开展活动，9 月注册服务机构 M，2013 年 7 月到 12 月是免费提供服务。2014 年，除了向家长收取 800 到 1000 元左右的费用以外，市残联给予 5 万元的经济支持，区残联给予 5 万 ~6 万元。2015—2016 年，市残联调用 10 万元康复工作经费以支持机构发展。（服务机构 M 负责人自述）

妇女儿童工作委员会、妇女联合会、精神卫生中心儿童康复部也积极为心智障碍青少年家庭的社会参与提供宣传支持，沟通政府、社会与心智障碍青少年家庭之间的联系，推动社会理解、尊重、关心、帮助心智障碍者，减少社会歧视、偏见和障碍，有利于为心智障碍青少年家庭的社会参与提供安全包容的社会环境。

心智障碍青少年家长代表 Z 女士在家校社融合倡导活动中表达了心智障碍青少年融合教育的诉求，尤其强调了校园融合对孤独症孩子和普通孩子的积极作用："融合教育可分为家庭融合、社区融合、校园融合、社会融合，其中，校园融合是最重要的一环，它能影响一个孩子在社会上能走多远。在校园融合环节，孤独症孩子能够获得平等学习的机会，更多参与社会的可能，可以获得更多的陪伴和尊重，他们的世界也会更加丰富多彩。同时，对于普通孩子，如果从小接触到特殊障碍人士，通过长期的相处和陪伴，他们可以更深刻认识世界的多元，会更加富有同情心，生活态度也会更积极。因此，学校、老师、同学的接纳极为重要。"（引自微信公众号：服务机构M）

2019年1月，武汉市大龄孤独症居家生活技能培养与社区融合康复项目总结暨大龄孤独症、智障青年康复就业途径及对策研讨会中5位家长参与此研讨会，通过对心智障碍青少年良好康复效果的切实描述，印证了武汉市残联推出的居家能力培养和社区融合项目对心智障碍青少年自理能力提升、社会融入产生积极成效，有利于社会了解、关爱心智障碍群体，推动社会文明进步。家庭和残联的双向互动，为残联进一步项目决策提供建议，推进此成功经验得以复制推广，使更多心智障碍者家庭受益。

"服务机构M开办5年来，通过不断学习和实践，探索出了一个适合成年心智障碍人士学习和生活的服务模式。然而其前进的道路可谓是荆棘遍地，举步维艰。高品质的追求决定了其高成本的运作。学员家庭的支出对家庭来说是竭尽所能，但对机构来说却是杯水车薪，未来要健康长足地发展还得依靠政府和社会的力量。希望各级政府能将服务机构M的成功经验加以推广，对服务机构M进行政策扶持，使更多的孩子和家庭受益，使服务机构M的明天能够更加美好！

"希望政府能支持大龄居家生活技能培养与社区融合康复这个项目，给予一定的政策支持，让更多的孩子受益！让我国的残疾人真正感受到社会大家庭的温暖和进步。

"感谢这样的模式，我们会同服务机构M携手同行，努力带着孩子一路前行，同时也想用自己孩子的改变及进步让还在迷茫徘徊中、没有一个好的生活环境的家长们，也能在自己社区附近享有这样的居家技能培养和社会融合、艺术培养的服务。相信大部分孩子都可以有很大的改变，也能被身边社区人接纳，让不敢想象的事变成事实。这里离不开社会上一群具有大爱的爱心人士的帮助，离不开大家共同的努力，期待着能看到更多的孩子们在这样好的服务模式下成

为受益者并能健康成长，成为一个对社会有贡献的人。"（引自微信公众号：服务机构 M）

（二）心智障碍青少年家庭社会参与的非正式支持

1. 非正式支持现状

（1）亲戚、朋辈

亲戚与朋辈是心智障碍青少年家庭最直接的社会参与者，亲戚与朋辈的关心与支持是此类家庭主要的精神支持来源，亲密的社会关系让心智障碍青少年家庭更有信心、有能力进行社会参与。

（2）社会组织

社会组织层面的社会参与支持主要是举办各类培训活动、提供心智障碍青少年家庭之间相互交流沟通的平台，改善此类家庭的思想观念与康复技巧，促进此类家庭之间的来往；作为"枢纽"，邀请相关学者、专家、利益相关者开办各类研讨会，提供心智障碍青少年家庭向外界发声的机会，让社会各界充分了解此类家庭的现状及面对的困难；社会组织作为凝聚起来的力量合理发声在一定程度上也能推动政策发展，促进心智障碍青少年家庭的社会政治参与度；社会组织作为工作单位也能够吸纳心智障碍青少年家庭成员为工作人员，帮助其维持正常工作状态。

服务机构 M 发掘大龄心智障碍青少年家长资源，特别是有关育儿技巧及心路历程，经常组织各类经验交流分享会与技能培训会。家长间的交流和互动不但可以提升理念和技能，还能起到心理援助、情绪疏导的作用，许多新家长可以由此获得宝贵的经验。此类家庭也可以通过交流分享会与技能培训会认识更多其他同类家庭，构建更坚实的社会支持网络，进一步融入社会。此外，在服务机构 M 康复的家长们自发建立家长互助平台和联系网络，家庭间的互相帮助对大龄心智障碍青少年更好融入社会、家庭，更好进行社会参与产生重要意义。

"我参加的那些培训效果很好，我知道了家长的行为、情绪、态度对孩子的康复影响很大，所以我也要做孩子的老师，很多规则性的东西必须要亲自带头给孩子做出表率（比如过马路），帮助孩子形成规律意识，养成良好的行为

习惯，能够遵守社会秩序，这些对以后孩子走上社会也有好处。"（访谈样本M16）

2019年，"武汉市大龄孤独症居家生活技能培养与社区融合康复项目"总结暨大龄孤独症、智障青年康复就业途径及对策研讨会邀请到社会各界各类专家学者及大龄心智障碍青少年家庭，共同交流、商讨有关大龄心智障碍青少年居家生活自理、社区融入、就业等问题。同时，此次会议也推动了武汉市江岸区大龄孤独症补贴政策出台。这样的交流研讨会不仅提供了大龄心智障碍青少年家庭向外发声的机会，也让社会各界更了解此类家庭的现状与需求，帮助此类青少年及家庭更好地与社会衔接、获得社会关注，更好地参与社会生活中来。

"我认识了现在服务机构M的主任Z，她当时是负责家委会工作的，经常组织家长活动，我觉得她很正能量，付出很多。XN毕业后，就到了服务机构M，通过Z主任的理念、疏通，我了解到这样的孩子可以通过居家技能培养和社会融合、艺术培养提高孩子的生活和生存的能力，现在XN会吹葫芦丝、巴乌、萨克斯、小号，5年来，XN和他的小伙伴们一起参与大大小小的全国演出和比赛上百场，已经是武汉的'小明星'了。同时，他也实现了正常生活和正常上班。"（引自微信公众号：服务机构M）

据访谈了解，几位大龄心智障碍青少年的家长目前作为老师或者其他类型工作人员在服务机构M从事工作，不仅能满足其照顾孩子的需求，也能实现正常的社会参与，补贴家用；而家长在机构工作也有着独特优势，他们往往更稳定、更有耐心、更愿意学习康复相关内容，能够更好地帮助孩子们进行康复训练。有的家长还考了社工证，在帮助孩子科学康复、生活的同时，提升了自己的水平与能力，可以作为社会工作者参与社会事务。

"其实我自己也需要心理支持，我自己在考教师资格证和社会工作者职业水平证书，边工作边摸索，掌握一些经验。"（访谈样本M12）

康复机构通过训练提升孩子的自理能力后，家长也有更多时间去社交、工作。服务机构M帮助孩子们自己坐公交在家和康复机构间独立往返，减轻家长来回接送的负担，空出时间做自己的事。

"儿子终于能够独立往返了！这是儿子人生一个重要时刻的记录。每天只要他做对了事，我就会鼓励他、表扬他、信任他。他让我省下几小时送他的辛苦，长年累月的奔波与疲惫，只有我自己知道。我现在虽然还有点担心，有点牵挂，但我坚信随着他的经验积累和逐渐长大，他会越来越棒。"（家长微信朋友圈文本）

（3）社区

社区是心智障碍青少年及其家庭的主要生活场所，是社会化过程中的关键一环，社区支持对心智障碍青少年家庭社会参与有很大的影响。

在接纳度较高的社区中，家庭与社区内的其他个人或者社会组织构建支持网络，家庭在一种宽松的社区氛围中，更易参加社区活动，获得治疗信息、政策等支持资源。社区通过宣传教育，增加其他居民对心智障碍青少年家庭的全面理解，进而创建一个包容、理解的社区环境，帮助心智障碍青少年及家庭安全融入社区生活，减少父母的心理压力。L 社区在服务机构 M 成立时就在社区内部设立宣传牌、横幅等，加强居民对孤独症的了解；通过举办艺术活动让孤独症青少年有一个展示自我的舞台，增强自我认同感和自信心，扩大孤独症青少年的交往范围，增强社会交往能力。在社区这一"微缩型小社会"中，通过互动，心智障碍青少年及家庭与社区居民、社区机构之间形成信任友善关系，营造社区关怀包容的氛围，青少年也愿意走出家庭，学习在社区的多样化环境中生活，为正常参与社会生活奠定基础。

"我们所在的社区居民都知道她的情况，也非常理解和帮助我们，那些老街坊会主动和她打招呼，和她交流，也会鼓励她进步。"（访谈样本 M16）

"社区居民非常好，素质很高，非常包容他、接纳他。我们也会和居民聊孩子的具体情况，也希望他们能更多地了解孤独症孩子，不要用异样的眼光看他们。"（访谈样本 M7）

"我们社区居民都了解我们家的情况，居委会的工作人员和居民都很关照我们，为 CX 提供了一个包容理解的社区环境，他也很愿意和居民打交道……社区经常举办联欢、文艺汇演活动，CX 会拉二胡、吹葫芦丝，社区就邀请他去表演，多和人交流，对他融入社区有好处。"（访谈样本 M10）

（4）高校

高校拥有大量知识资源、人才资源与社会资源，不仅能够通过相关研究推动社会对大龄心智障碍青少年家庭的认识，还能进行倡导宣传，与社会组织合作，开展各类志愿活动项目，促进大龄心智障碍青少年及家庭更好融入社会，进行社会参与。

武汉市多所高校与志愿服务机构保持长期合作，发挥高校专业优势，通过各种活动形式宣传大龄心智障碍青少年家庭情况、倡导社会对此类家庭的关注，开展各类志愿服务活动，对大龄心智障碍青少年家庭融入社会进行社会参与产生重大意义。

"有一些高校也会组织志愿者来开展活动，比如插花活动，这些活动帮助家长从这种紧张疲惫中解脱出来，丰富他们的生活，减轻他们的负担。"（访谈样本 F6）

例如，武汉理工大学法学与人文社会学院"心心语"志愿服务队聚焦家庭在孤独症儿童康复过程中的重要作用，回应现实需求，采用"家康共育、亲子互动、增权赋能、喘息服务"四位一体的创新模式，全面改善孤独症儿童及其家庭的生活质量。项目汇聚志愿者、家庭、康复机构、社会组织等多方力量，形成合力，共同为孤独症儿童及其家庭提供个性化、专业化的服务。其中，四"星"系列——即"星"合作、"星"互动、"星"能量与"星"休憩，是项目的核心框架。

"星"合作——家康共育，共促成长

针对孤独症儿童家庭、康复机构相互之间沟通不足、信息流通不够的问题，进行"家康共育"。深化家康沟通，通过细致的家访和评估，搭建起家长与康复机构之间的桥梁，确保每个孩子都能得到最适合自己的康复服务。同时，我们还与专业机构合作，为孩子提供丰富的劳动教育机会。

15 名志愿者一对一地对 50 个家庭进行了定期家访。以极大的耐心与每个家庭成员进行了深入的交流，除了收集其言语信息外，还细致地观察与记录了其行为表现，并在每月家访结束后召开小组会议，针对收集到的信息进行整理、分析，完成文字记录 10 万余字。

与康复机构合作，开展生活技能学习、"阳光第二课堂"等劳动教育。服务队成员积极配合中心工作安排，分成三个小组开展了丰富多彩的活动。帮厨小组的志愿者们与中心工作人员和部分孤独症儿童们协作，细心地为全体孩子们准备美味可口的营养餐，共同享受烹饪乐趣，用味蕾传递温情。环卫小组带领年龄较大、能力较强的孩子们前往社区进行"环保小卫士"垃圾清扫活动，锻炼其动手能力，增强环保知识储备，进一步培养孩子们维护社区环境的意识。课堂辅助组则深入教室，全身心投入课堂教学，运用自身的专业能力与极高的细心与耐心，引导孩子们积极参与课堂活动，配合老师完成教学任务，让他们在趣味学习中享受来自社会的关心关爱，在课堂中进一步提升生活技能，增长社交能力。

"星"互动——亲子互动，家庭进步

针对孤独症儿童照顾者不良教养方式会促使患儿病情向严重程度发展的问题，开展专业化服务。通过专家讲座、经验分享和各类亲子活动，在家庭与家庭的互动过程中促进理解，提升家长的教养能力。

服务队志愿者协助服务机构举办了"大龄心智障碍青少年康复延续性家长座谈交流会"暨"筑梦成长·播种希望"家长互助交流会。在这次活动中，志愿者发挥了关键作用。他们为活动的顺利进行提供了重要支持，包括协助组织活动流程、提供帮助和指导，以及为家长和孩子们提供额外的关怀和支持。志愿者的奉献精神和热情帮助营造了一个充满爱心和理解的氛围，使得家长和孩子们能够更好地分享经验、交流想法，并共同探讨心智障碍者康复和融入社会的途径。他们的无私奉献为活动增添了更多温暖和意义。

项目组织"越行动·越快乐"——星家庭公园联谊会，志愿者与孤独症孩子一起出行，共同完成城市出行行动，扩大孤独症孩子活动的物理空间的同时，保障与社会中其他人交流的机会，通过户外的形式，使得他们走出家庭，感受自然。服务队与服务机构和其他高校一起在解放公园开展星家庭公园联谊会。志愿者协助机构开展一系列游戏，如音乐互动，手指操，树叶画等。同时，团队激励星星的孩子们自我介绍，提高他们的交流能力，取得了良好的效果。

"星"能量——增权赋能，积极面对

针对孤独症儿童照顾者权能缺失——改变现状的意识淡薄、相关知识技巧缺乏、社会支持感匮乏等问题，开展赋权增能活动。通过专业的培训和互助小组，增强家长的知识储备和实操技能，同时肯定他们在孩子康复过程中的重要作用，提升他们的自我价值感。

志愿者通过长期的家访、参与活动、观察记录，结合专业知识，在老师指导下制作出长达14000字的《孤独症家庭家长指导手册》，这份《孤独症家庭家长指导手册》旨在帮助孤独症家庭家长更清楚地了解孤独症，链接资源，以科学的方式养育孤独症患儿。手册内容包括定义孤独症类群障碍症、诊断方法、症状、特征、成因、养育视角、治疗方法、行为指引、负面情绪处理方法以及外部支持资源。这些信息将帮助家长更好地理解和应对孤独症，同时提供了联系资源和支持的指引。

"星"休憩——喘息服务，种植希望

针对孤独症患儿家长精神压力大、负性情绪重等问题，项目与康复机构合作提供喘息服务。着眼于家长的心理健康，提供了一系列的喘息服务和休闲活动，帮助家长释放压力，重拾信心，以更积极的心态面对挑战。

志愿者参与"星空汇交响"——心智障碍青少年艺术疗养项目，协助心智障碍青少年发掘艺术潜能，培养积极向上的生活态度。协助机构开展非洲鼓学习交流会，展示学习成果，在帮助心智障碍青少年康复训练的同时，为孤独症儿童照顾者提供休息、放松、社交时间，减轻其压力，释放负面情绪。

2.心智障碍青少年家庭社会参与存在的问题

（1）受教育程度低

受教育程度偏低限制了心智障碍青少年家庭参与。心智障碍青少年家庭本身的受教育程度偏低是影响其社会参与度不高的一个主观原因。由于缺乏维权意识、社会参与意识低等，部分心智障碍青少年家庭不能很好地维护自己社会参与的权利。

（2）企业社会责任缺失

现阶段，在《中华人民共和国残疾人保障法》《残疾人就业条例》等法律法规的保障下，企事业单位按比例安排残疾人就业的热情非常高，明确安排残疾人就业是企业的法律责任，大部分企事业单位会主动要求安排残疾人到企业就业。但这些企事业单位之中，很大部分美其名曰安排残疾人就业，实际上是一种"伪就业"，把残疾人"挂靠"在企业上班，但根本不用残疾人在岗就业，残疾人可以长期请假在家休养或待岗，享受最低标准工资和社保。虽然是"挂靠"就业了，但残疾人还没有走出家庭，家庭收入虽然增加了一些，但残疾人个体的生活轨迹没有改变，生活质量没有得到相应的提升。心智障碍者就业权利和自我实现的需要被忽视了。

同时，目前企业关注更多的是心智障碍青少年个人就业，对于其家庭其他成员的支持则更少。由于照顾需要，心智障碍青少年家庭成员在工作时面临着工作时间、工作精力等限制，但是大部分企业无法进行支持性工作安排与帮助，或者接受度低，不愿意雇佣来自此类家庭的员工，不利于心智障碍青少年家庭正常社会参与。

（3）社区接纳程度有待提高

目前，有的社区通过对心智障碍知识的宣传与普及，部分社区居民能够正视心智障碍青少年的性格和行为特征，为心智障碍青少年及家庭提供了和谐包容的社区成长和活动环境。但由于部分社区宣传力度不够、社区工作人员专业水平低、社区基层事务繁忙，没有足够的精力和专业人员来负责对接心智障碍青少年家庭的福利保障等原因，社区对心智障碍青少年家庭的接纳度整体来说依旧不高，社区居民的不理解、排斥心理是心智障碍青少年家庭社会参与的一大阻力。

三、完善心智障碍青少年家庭社会环境支持体系的举措

（一）建设家庭互助组织命运共同体，培养心智障碍者家庭主动寻求支持意识

由心智障碍家长自发建立的互助平台和联系网络不仅能够为这些特殊儿童家庭提供必要的情感支持、资源信息和服务帮助，而且可以集体发声进而影响心智障碍相关政策制定。

培养心智障碍者家庭对社会支持的主动寻求和利用意识。由于传统客体思想的影响，一般认为，社会支持的对象是心智障碍者家庭，前者是主体，后者是客体，强调主体对客体的主动帮助和支持。但这种客体意识束缚了人的思想，使得人们难以形成社会支持的主体意识，导致有些家庭不能够正确地选择和利用社会支持。社会支持是主体和客体持续双向互动的过程，心智障碍者家庭也可以是社会支持的主体，主动选择和建构支持体系，是对社会支持从被动到主动的自觉实践过程，这将有利于社会支持的均衡持续发展。培养心智障碍者家庭社会支持的主体意识，对于社会支持的有效选择和利用，心智障碍者家庭命运共同体的形成，社会支持的可持续发展，都有积极作用。

（二）着力构建心智障碍者家庭的正式支持体系

1.重视精神文化层面的无形支持

政府是积极福利政策的制定者，公办教育和康复机构、特殊教育专业人员的提供者，民办组织和机构的管理者，在社会支持体系中起着举足轻重的作用。

（1）维护心智障碍者家庭政治参与权利。政府应在对现有福利制度进行修订时多方征求心智障碍青少年家长的意见和建议，维护心智障碍青少年家长的政治参与权利，为心智障碍青少年家庭的社会参与提供公平和谐的政治参与环境，推动实现心智障碍者家庭福利政策的公平性和可持续发展性。

（2）加强民办康复机构的管理工作和对托养机构的支持。重视心智障碍青少年居家生活技能培养与社区融合能力提升，推进缓解心智障碍青少年家庭的照顾压力，进而给予家长更多社会参与的喘息时间。

（3）除物质、场所、器具等有形支持外，加强对心智障碍青少年家庭的精神文化层面的无形支持。加大对心智障碍者家庭的宣传科普力度，减少社会大众对心智障碍者家庭的歧视和偏见，缓解心智障碍青少年家庭的污名化，从而维护其社会参与权利的行使，摆脱失能状态。

2.残联应充分发挥管理和指导残疾人社会组织作用，为心智障碍者家庭社会参与链接资源

推进居家能力培养和社区融合项目进一步复制推广，支持康复机构持续化

发展，并在探索残疾人就业、残疾人家庭成员就业等方面积极发掘链接资源，多途径地切实帮助到更多的心智障碍青少年通过康复训练、就业技能学习能顺利回归家庭生活，融入社会。

（三）全方位构建心智障碍者家庭社会参与支持体系

1. 学校和康复机构

学校应树立融合教育理念，通过为心智障碍青少年配置特殊教师、允许家长陪读等方式推动心智障碍青少年融入社会。同时与其他同学及其家长充分沟通，为心智障碍青少年家庭提供和谐的就学环境。康复机构应重视心智障碍青少年自理能力和社会融入能力培养，为心智障碍青少年家长提供更多喘息时间和精力进行社会参与。并且通过组织不同心智障碍青少年家庭间经验交流活动等，加强家庭间交流互助，建设心智障碍青少年家庭互助体系。

2. 社区

社区是心智障碍者家庭生活之地，社区管理者要把宣传心智障碍相关知识的工作常态化，呼吁大家一起关爱这些家庭，积极营造良好的社区环境，给予他们更多的生活空间，减少社区居民对心智障碍青少年家庭的偏见和歧视，为心智障碍青少年的社会参与提供包容的生活环境，使心智障碍者家庭得以松弛地、轻松愉悦地生活。同时，推动建设日间托养中心，减轻心智障碍青少年家长照顾压力

3. 企业

鼓励企业接纳心智障碍青少年及其家长就业，树立良好企业形象。心智障碍者家长参加工作，不仅获得收入回报，还能在工作过程中获得社会交往等社会支持，但由于照顾孩子的需要，在工作时间上、精力上难免受到影响，这种情况下，企业单位应该给予理解和支持。

4. 其他个体支持

个体支持一般来自家人、同事、朋友，其他公众。家人、同事和朋友是心智障碍者家庭最重要的社会关系成员，尤其是来自家庭内部的社会关系成员的支持，是家庭功能完善的重要保障。其他公众应该以志愿者的身份多参与帮助

心智障碍青少年家庭的公益活动，了解心智障碍相关知识，避免对这个群体产生偏见和歧视。

本章小结

心智障碍青少年家庭的社会参与程度逐步提升，但仍存在政治参与受限、人际交往受阻、社交压力大等多重障碍。关于心智障碍青少年家庭社会参与的社会支持体系，正式支持层面上，在政府和残疾人联合会的关怀帮助下，心智障碍青少年家庭能够参与心智障碍康复相关重要会议表达诉求，但政策对心智障碍者家庭精神文化层面上的无形支持仍然较为缺乏。非正式支持层面上，亲戚朋辈主要提供情感支持，康复机构着力促进家庭间交流互助，社区则提供包容性生活环境，媒体、高校等正向宣传也有利于推动心智障碍青少年家庭的社会融入。但也存在家长受教育程度低、企业社会责任缺失、社区接纳水平有待提高等问题。针对心智障碍青少年家庭社会参与存在问题，应构建全方位社会支持体系推进其社会融入。

下 篇　实务篇

第六章　心智障碍青少年家庭社会支持的社区工作实践

现阶段我国大龄心智障碍青少年人数众多、社会关注度不高，与此同时我国对于大龄心智障碍青少年的救助体系并不完善，国家政策缺失、大龄心智障碍青少年康复机构不足，以致其在融入社会和就业方面存在极大困难。社区康复是一种以社区为平台，为大多数残疾人提供方便、就近的一种康复服务方式，针对残障人士的社区康复服务模式包括日间照料、使心智障碍人士与社区居民一同工作的康复项目、过渡性康复服务与其他服务模式，在解决大龄心智障碍人士的身心康复问题和社会价值的实现问题上是否有效需要进一步验证。我们据此背景提出研究问题，采用合理的研究方法和评估体系，对大龄心智障碍青少年社区康复服务效果进行研究。

一、研究方法与实施路径

（一）研究方法

运用个案研究法，选取武汉市服务机构 M 为个案，一是对机构的社区康复服务内容进行研究。社区康复服务依托的是社区资源、社区康复服务的具体内容以及服务模式。二是对机构的社区康复服务效果进行研究。查阅相关文献资料获得定量与定性的数据，结合原有居家生活、社区融入和就业支持等方面确定评级指标，制定评估表。选择参与该社区康复机构的大龄孤独症与心智障碍青少年为研究对象，运用文本分析、个别访谈、参与式观察等资料收集方法收集机构成员的数据资料，研究服务对象在服务前后的变化，依据评估表，进行长期追踪观测和调查研究。

（二）实施路径

1.制定评估指标体系

本次研究采用访谈法和观察法对服务机构 M 的康复课程、服务方式、服务效果等进行了现场调查，并查阅关于居家生活、社区融入、就业培训内容的文献，整理出大龄心智障碍青少年在这三方面培训内容上的效果评估指标，为研究社区康复服务的康复效果提供数据支持。

《国际功能、残疾和健康的分类》（ICF），建立在一种残疾性的社会模式基础上，它从残疾人融入社会的角度出发，将残疾性作为一种社会性问题，为综合分析身体、心理、社会和环境因素提供了一个有效的系统性工具。基于 ICF 提供的健康和残疾评定的基本概念和理论模式，世界卫生组织建立了一个总体健康状况测量工具《残疾评定量表》，评价的项目包括理解与交流、四处走动、自我照料、与他人相处、生活活动和社会参与的 6 个维度，目前该方法已经被广泛应用于残疾（主要是活动和参与状况）的评定之中。

依据服务机构 M 关于居家生活内容的具体实践，借鉴已有关于美好生活评量表内容，我们设计了关于居家生活效果评估表（见表 6-1），分为生活方面、学习方面、休闲方面三个维度，分为很好、较好、一般、较差、很差五个级别。

表 6-1 居家生活能力评估表

评估方面	序号	问题描述	评估级别				
			很好	较好	一般	较差	很差
生活方面	1	对生活中的物理环境的接受程度					
	2	每天活动反映出的生活节律正常化程度					
	3	用于处理日常衣食住行的程度					
	4	生活中支配、运用钱财的程度					

评估方面	序号	问题描述	评估级别				
			很好	较好	一般	较差	很差
生活方面	5	对情绪管理能力程度					
	6	在生活中与同学、老师、家人的互动程度					
	7	在生活中被大众认可的程度					
	8	个案对生活的满意程度					
学习方面	1	对学习的物理环境的接受程度					
	2	参与学习活动中所具备的能力程度					
	3	在学习中表达意见、掌控学习的程度					
	4	在学习中与普通人的互动程度					
	5	所学习知识和技能能用来解决问题的程度					
	6	用于学习活动的时间、金钱、资源的合理程度					
	7	在学习中被大众认可的程度					
	8	个案对学习活动的满意程度					
休闲方面	1	对休闲娱乐的物理环境的接受程度					
	2	用于有意义的休闲活动时间的合适程度					
	3	从事休闲活动所需要的能力程度					
	4	用于休闲活动的资源和金钱的合理程度					
	5	在休闲活动中与普通人的互动程度					
	6	在休闲活动中被大众认可的程度					
	7	个案对休闲活动的满意程度					

据服务机构 M 关于社区融合与艺术培养内容的具体实践，结合艾靓的共生理论下残疾人社会融合研究以及朴力的民族弹拨乐器演奏训练对孤独症患者功能恢复等文献研究，将社区融入依据各症状评估人群分为人际交往、社区参与和机构参与三个层面，艺术培养分为兴趣参与、审美感受和表现能力三个层面。

表 6-2　社区融入与艺术培养能力评估表

评估类别	评估人群	评估方面	序号	问题描述	评估级别				
					很好	较好	一般	较差	很差
社区融入	智力障碍	人际交往	1	和机构老师、同学的交流程度					
			2	和社区居民的交流程度					
			3	和陌生人的交流程度					
			4	社区居民对服务对象的包容度					
			5	社区居民对服务对象的了解程度					
		社区参与	1	参加社区活动（社区购物、清理垃圾等）					
			2	使用社区公共资源情况（健身器材、公共厕所等）					
			3	是否被分享社区利益					
			4	对社区周边环境的了解程度					
		机构参与	1	主动参加机构活动的积极性					
			2	参与机构活动的次数					
	孤独症	人际交往	1	和机构老师、同学的交流程度					
			2	和社区熟悉居民的交流程度					
			3	对他人的面部反应的程度					
			4	主动与他人的眼光接触					
			5	接受他人的拥抱及其他肢体接触					
		社区参与	1	参加社区活动（社区购物、清理垃圾等）					
			2	使用社区公共资源的情况（健身器材、公共厕所等）					
			3	是否被分享社区利益					
			4	对社区周边环境的了解程度					
		机构参与	1	主动参加机构活动的积极性					
			2	参与机构组织的活动中					

续 表

评估类别	评估人群	评估方面	序号	问题描述	评估级别				
					很好	较好	一般	较差	很差
艺术培养	全体	兴趣参与	1	主动参与艺术活动的积极性					
			2	参与中的关注与沉浸程度					
			3	参与中带来肢体放松与身心愉悦的程度					
		审美感受能力	1	理解艺术主题的能力					
			2	感知艺术表达的情感内容					
		表现能力	1	掌握乐器的演奏方法；运用美术与手工艺手段创作作品					
			2	独立结合所学歌乐曲进行律动、创作、表演等活动					
			3	参与有舞台的综合性艺术表演活动（歌舞、乐器演奏等），自然、流畅地进行表演					

依据服务机构 M 关于就业支持内容的具体实践，结合汪蔚兰指出，就业计划需要考虑的是，智障人士自身的资源、优势、能力、职业兴趣和选择，以及影响就业的外部力量。我们将就业支持能力评估表（见表6-3），分为生理、心理、职业行为能力三部分，分为很好、较好、一般、较差、很差五个级别。

表6-3 就业支持能力评估表

评估方面	序号	问题描述	评估级别				
			很好	较好	一般	较差	很差
生理	1	无妨碍就业的生理疾病					
	2	心智水平无明显影响社会生活					
	3	对生活事物和事件有感知力、行动力					
	4	可独立完成生活中的基本任务					
心理	1	具备情绪管理能力					
	2	拥有较为正常的自控力					
	3	具备社会适应能力					

续　表

评估方面	序号	问题描述	评估级别				
			很好	较好	一般	较差	很差
职业行为能力	1	有就业的意愿与决心					
	2	确立了就业方向或目标					
	3	获得来自家庭、机构以及外界人士的支持					
	4	参与并耐心完成机构生活实践课程与职业技能培训					
	5	积极听取职业行为建议并改进					
	6	主动提升文化水平和肢体协调能力					
	7	能与陌生人沟通和交流，适应陌生的工作场所					
	8	能从事程序简单、重复性较强的工作					
	9	了解并学习残障人士的政策法规					

2.收集评估所需的资料

（1）文本分析法：收集包括服务记录等文档信息，并对这些信息进行有序分类整理，评估分析。

（2）个别访谈法：主要以机构的大龄心智障碍青少年相关家属和机构工作人员为对象进行个案访谈，以面对面访谈形式对包括 30 名服务对象或服务对象家属、2 名工作人员进行深度访谈，全面收集康复内容与效果的资料。

（3）参与式观察法：本研究通过半参与式观察的方法，即项目小组成员以志愿者的身份参与服务过程，深入全面地了解项目运行情况，并运用社会工作专业知识，观察服务对象在服务过程中的反应，从侧面来把握项目服务效果。

二、心智障碍青少年社区康复服务内容与效果

社区康复服务是在现有社区支持系统下，构建"微缩型社会"，鼓励并引导残疾人参与社会生活。我们将以服务机构 M 为个案进行研究，追踪机构的服务内容和成员变化情况。

本章将详细阐述服务机构 M 的服务内容，进而我们归纳总结出社区康复服务体系——以"生存保障与自理能力—社会融合与权能拓展—就业支持与潜能

开发"三阶段为主的进阶式增能训练体系，最终我们将以部分个案展示社区康复服务的效果。

（一）心智障碍青少年社区康复服务内容

服务机构 M 社区康复服务内容主要分为三方面，即日间照料与居家生活技能训练、社区融合与艺术培养、职业技能训练与支持性就业。

表 6-4　服务内容

序号	服务内容	具体形式
1	日间照料、居家生活技能训练	居家生活技能训练 社会行为规范意识训练
2	社区融合、艺术培养	人际交往能力训练 引导使用公共设施 联合社区开展生活体验活动
3	职业技能训练、支持性就业	开办公益匠心坊 递进式培养就业能力

（1）日间照料与居家生活技能训练

日间照料与居家生活技能训练，注重培养大龄心智障碍青少年的居家生活技能、社会行为规范意识、人际交往能力，通过居家技能训练和艺术兴趣培养，让大龄心智障碍青少年体验生命价值，从而提升职业获得感，增强适应社会的信心，为适应职业生活建立基础，有助于其进入庇护性、支持性就业岗位。这一方面的服务内容主要是以下几个板块：

第一，居家生活技能训练。服务机构 M 在居家场所中，打造大龄心智障碍青少年的生活时光，通过引导大龄心智障碍青少年以及其父母的"引导式参与"，开展亲职教育培训和居家康复训练，养成居家生活技能，提升家庭支持系统的能力。一方面由工作人员引导大龄心智障碍青少年开展学习超市购物、帮厨活动、餐前准备、烹饪、餐后清洁等居家生活技能培训活动，锻炼大龄心智障碍青少年的动手能力，帮助其掌握居家生活技能，培养其生活自理能力。另一方面，家长参与教学过程，纠正家长错误的观念，提高家庭对心智障碍青少年康复训练的知识储备，心智障碍青少年在教学中学习到的居家生活能力在家庭中能够得到有效的训练和运用，使他们在家庭生活技能方面得到更好的实际性的锻炼与提高。

第二，社会行为规范意识训练。一方面，服务机构 M 在居家场所中打造学习时光，开展社会认知及适应能力主题活动训练，解决大龄心智障碍人士融入社会的基本问题——社交礼仪、社会基本规则，如打招呼、与陌生人简单交流、寻求帮助、待人礼仪、钱币及货币交换认知等训练，提升社会行为规范意识。让学生进行符合其思维模式的"刻板行为"训练，以使他们能满足社会的基本规则：在特定场景下他们能做出特定反应。例如，有人到访，学生会主动问好；如厕之后，要会洗手和冲厕，最终达到在康复中生活的目标。"让孩子学会并遵守社会规则，不去触犯，他们才能在自己和与人相处的世界里活得更自由"。另一方面，服务机构 M 借助社区活动中心每周开展星空交响乐队排练及演出、健身一小时、小区散步等生活康复训练，培养大龄心智障碍青少年建立社会行为规范。

（2）社区融合、艺术培养

心智障碍人士对社区生活的平等、全面的参与，即社区融合。目前社会关于心智障碍人士教育和服务的新思想和概念，包括正常化原则、去机构化原则，都肯定了该类群体社区融合的康复方式。服务机构 M 依托社区支持系统，充分发掘社区资源，为大龄心智障碍青少年参与社区活动提供机会，提高其人际交往能力，促进其融入社区生活，实现其在社区生活的权利，有尊严地享受社区生活。

服务机构 M 注重提高心智障碍人群的人际交往能力，促使他们能够与人交流、融入社会。机构训练过程中，鼓励心智障碍青少年用语言表达自己的诉求，在"社区环保行"活动中，机构成员主动与社区居民、保安、环卫工人进行交流、服务机构 M 组建"星空乐队"，在合奏训练的过程中，鼓励青年们主动与成员、老师、志愿者进行交流，增强他们的人际交往能力，培养沟通表达、团队协作等职场技能，以更好地适应职场生活。同时，机构主动链接资源，将乐队推广至各大社区，提供登台演出的机会展示自己，提升他们的自信心，提高关注度。

由于身体部分机能的缺失或障碍使得大龄心智障碍青少年比健全人需要更多的设施才能享受美好便捷的生活，只有提供充分的无障碍设施，才能保障大龄心智障碍青少年群体能够自由出入各种场合。通过带领大龄心智障碍青少年认识社区健身器材等生活和娱乐设施，引导其使用公共设施，让大龄心智障碍青少年回归社区，同时使社区资源能够得到充分利用，避免重复和浪费。

大龄心智障碍青少年的美好生活还需要文明社会的残疾人观的有力支撑。服务机构 M 联合社区力量，如便利店、菜市场、理发店、健身房、公园等日常生活场所，开展生活体验，与社区成员互动交往。如进入超市购物，由服务机构 M 专业人员在超市现场教学，教会大龄心智障碍青少年使用购物篮、选择需要购买的物品，超市的工作人员能够观察到这群青年，也学会如何帮助他们寻找需要购买的物品。购买完后教他们将物品交给营业员结账付款，排队时教他们跟营业员打招呼，他们的动作虽慢但有秩序，同样在超市购物的社区居民也愿意等待他们完成购物。

在良好的互动过程中，帮助大龄心智障碍青少年走出家庭，学习在社区的多样化环境中得到有效服务，同时让社区居民、商家了解大龄心智障碍青少年这一群体，不显现其"突出"而融于"正常"，促进大众支持以及包容氛围的构建，有利于构建充满爱、支持和包容的无障碍社区环境。在社区这一"微缩型小社会"中，通过互动，建立大龄心智障碍青少年与社区居民、商家、社区机构之间的信任友善关系，营造社区关怀和照顾身边邻里的氛围，促进相互关怀社区的形成，达到大龄心智障碍青少年与社区双方共赢的效果。

（3）职业技能训练、支持性就业

大龄心智障碍青少年能力的培育与运用需要就业机制的健全完善。长期以来，心智障碍人群受到种种歧视，包括就业方面的歧视在内，这些歧视是心智障碍人群权利的严重阻碍，克服歧视心智障碍人群、对心智障碍人群状况漠不关心等不合理的观念与行为，需要多种因素共同发挥作用。

支持性就业倡导社会融合，符合社会模式的残疾观，肯定残疾人的潜能，主张为残疾人提供更好的安置环境以及更丰富的就业机会，帮助残疾人自立。服务机构 M 发展支持性就业，一方面通过递进式培养就业能力，在社区支持下开展"不平凡的 100 分钟——社区环保行"项目，通过带领这些青年担任社区环保卫士，在社区开展清洁劳动，处理垃圾、清洗垃圾桶。在这项工作中大龄心智障碍青少年的情绪管理能力、合作意识、职业态度、自我激励等能力都有了明显的改善。另一方面，服务机构 M 在工作场所中打造工作时光，开展职业重建项目——"星星想说话"公益匠心坊，内容包括烘焙、茶点、水果茶等纯手工产品制作，希望通过大龄心智障碍青少年的亲手劳动，让大龄心智障碍青少年参与糕点制作、销售、配送等环节，通过自身努力去创造社会财富、实现自身价值。

大龄心智障碍青少年能力的培育与运用需要就业机制的健全完善。长期以来，心智障碍人群受到种种歧视，包括就业方面的歧视在内，这些歧视使心智障碍人群的权利严重受损，克服歧视心智障碍人群、对心智障碍人群状况漠不关心等不合理的观念与行为，需要多种因素共同发挥作用。

3. 大龄心智障碍青少年社区康复服务模式

通过研究，我们将服务机构 M 社区康复服务总结为进阶式增能模式。与传统的仅针对生活照料服务和简单的庇护性劳动训练的康复模式相比，进阶式增能训练模式更加多元化、系统化、注重心智障碍人士的能力提升。机构成员在阶段等级内接受相对应的服务与教学内容，逐级提升，层层递进，减少心智障碍青少年的"失能感"，增强其"控制感"，最终实现增能。我们将服务机构 M 服务内容的进阶式增能服务模式提炼为三个进阶等级，分别为生存保障和自理能力、社会融合与权能拓展、就业支持与潜能开发三方面。三个阶段对应着不同的训练内容和服务方式，在经过相应评估达到对应等级后，成员才可"闯关成功"进入下一等级的训练和康复。

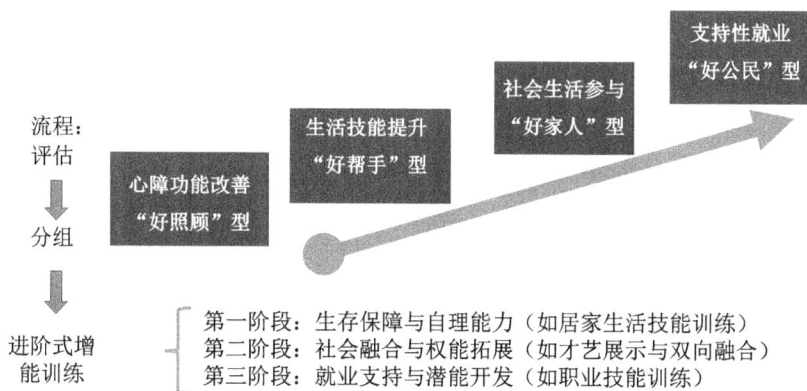

图 6-2 服务模式

第一阶段主要是生存保障与自理能力。心智障碍青少年由于自身的生理缺陷，在衣食住行方面仍存在很大的障碍，而一定的生活自理能力则是他们融入社会、实现增能赋权的基础要求。机构成员通过具体的居家生活技能训练和社会行为规范意识训练，训练生活技能，恢复或补偿肌体缺损功能，增强生活自理能力，提升自我效能，实现基本的自我照顾。

第二阶段是社会融合与权能拓展。社会融合确保大龄心智障碍青少年能够获得促进发展的机会和资源，使他们能够全面参与经济、文化和社会生活，获得社会福利，进而拓展权能。在进阶式增能训练阶段中，社区融合与权能拓展起着承上启下的作用，既是对居家生活能力的巩固与考验，也是将来获得就业机会、实现支持性就业的基础。机构引导成员积极参与并且发掘他们的艺术潜能，通过演出活动增强其自我认同感和自信心、扩大心智障碍青少年的交往范围，并鼓励成员积极与社区居民进行交流，使得这类群体不再是封闭与隔离的状态，进入大众视野。

第三阶段就是就业支持与潜能开发。心智障碍人士就业是实现其自助、贡献社会、实现自我价值的重要途径。机构为成员提供职业技能训练，培养大龄心智障碍青少年必要的就业素质和能力，并且链接社区资源，寻找合理的就业岗位，辅助成员就业，实现大龄心智障碍青少年的庇护性就业。同时协助他们进入社区竞争性就业场所，鼓励他们进行支持性就业。

（二）心智障碍青少年社区康复服务的效果

1.总体效果

研究结果发现，根据不同康复效果，研究对象可分为四种不同的类别，以成员的综合能力为判断标准，随着成员综合能力的提升，分别将研究对象分为心障功能改善"好照顾"型、生活技能提升"好帮手"型、社会生活参与"好居民"型以及支持性就业"好公民"型。

参与进阶式增能康复训练过程中分为三个板块的小组，内容分别为居家生活技能训练、社区融入与艺术兴趣培养、职业技能训练。接受训练服务的大龄心智障碍青少年可在不同阶段参与不同的小组之中，根据服务内容实现能力的递进式提升。居家生活技能训练依托社区基础设施模拟日常起居生活与简单社交环境，包括超市购物、餐前准备、烹饪、餐后清洁等基本内容，以及辨识货币面值和辨认公交站牌等，使成员接触并熟悉生活情境，训练中服务对象由被动式参与活动到主动学习并应用到实际生活中，表现为自主完成洗漱穿衣等内容、主动帮助家庭成员分担家务等，生活技能与能力明显提升。康复的是心障功能改善"好照顾"型、生活技能提升"好帮手"型。

社区融入与艺术兴趣培养训练组中，服务对象参与机构组织的星空交响乐队排练及演出培育音乐素养。音乐潜能的开发过程中，多数成员展现出极大的兴趣，体现为积极参与排练演出及在空闲时间自发训练，同时自信心与获得感得到提高。参与社区融合，和社区进行积极互动的过程增强了成员的人际交往能力，推动了其社会化进程。康复的是社会生活参与"好居民"型。

职业技能训练板块，通过加入"社区环保卫士""星星想说话"公益匠心坊等组织充分体验职业生活，在实践过程中时常产生突发事件，如成员的工作程序失误及其带来的情绪低落现象等，训练中进行归因与对策解决，进一步改善了参与成员的肢体协调能力和情绪管理能力，促进了成员的生理心理康复，并积累一定程度的就业经验，提升了职业行为能力与就业适应性。康复的是支持性就业"好公民"型。

五年来，项目直接服务孤独症、智障青少年共计 64 名，其各项能力得到了良好的发展，服务受到了该类家庭的好评和欢迎，具体成效如下：

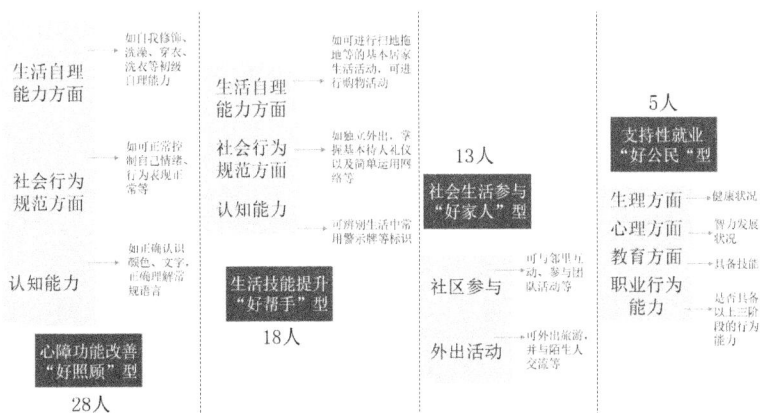

图 6-3　大龄心智障碍青少年的服务效果

2.四种进阶康复效果

心障功能改善"好照顾"型表现为有基本的生活自理能力、日常生活中情绪能够有效控制、认知能力得到改善。将表6-4"好照顾"案例代表与表1居家生活能力评估表进行对比评估，我们可以发现在接受社区康复服务之前，案主并不能完成穿衣、吃饭等简单的生活行为、认知能力较差，几乎没有独立生活能力。进入机构后，案主开始接受简单的居家生活技能训练。机构老师会定期培训案主一些简单的数字辨认，实物辨认等技能。经过不断地训练与强化，案主目前已经具有部分生活自理能力，能够完成简单的家务活动，对情绪的管理能力也在发生转变。同时，在对案主进行培训时，机构老师和家长发现案主开始表现出与他人交流的意愿，案主在指导下可以与社区居民进行问候，并且在集体生活时也不排斥。这个时候，对案主的社区融合能力培训力度便相应地加大，例如，带领案主前往超市进行购物，鼓励案主参加乐队排练和社区演出。社区居民在看到案主的良好表现之后逐渐地接纳案主，案主在获得良好的反馈之后，表现出更强与人交往的意愿，在这个过程中不断地提升自己的社区融入能力。案主母亲表示在病情的局限下，案主的行为和性格方面已经得到了明显的改善。在服务机构 M 康复机构中，类似于案主"好照顾"型的大龄心智障碍青少年目前已有28人。

"现在她的情况改善了许多，原先我是非常累的，在家里要全方位照顾她，带她出去也怕她做出的行为吓到别人。现在，她也可以自己打理一些事情了，穿衣服、吃东西之类简单的事情都可以自理，有时在我们的指示下，她能够打扫卫生、整理东西，让我们放心多了。她自己在家的时候，可以画一些画，见她的情况越来越有改善，我们家里人也就更有信心了。"（来自案主XJZ母亲）

表6-5 "好照顾"案例代表

编号：001				调查时间：2018-12-01	
个人基本信息	姓名	XJZ	性别	女	年龄	15 岁
	确诊时间	两岁	残疾类别	孤独症	进入机构时间	2014 年

续 表

受助之前的情况		无法独立完成穿衣、吃饭等简单自理活动；无法独自外出；对文字、数字没有理解力；比较多动，坐不住；不说话、拒绝眼神交流
受助之后的变化	居家生活	患者生活自理能力较差，能够完成简单家务，如洗碗、叠被子等。无法独自外出，可以简单购物但对人民币面值没有概念；对于事物的感觉和理解能力较好；能够正常表达和管理情绪，多动情况有缓解
	社区融入	现在能够在要求下对他人进行简单的问候。有时会主动提出与他人相处的愿望。在集体生活中不会觉得不适，在参与过活动的社区，居民对其接纳、理解程度较高；乐感较好，会打非洲鼓，记忆简单的拍子，已经能够上台演出
	就业支持	仅通过义卖，依旧无稳定收入

生活技能提升"好帮手"型的界定内容包括居家生活能力、社会行为规范、生活标准认知三部分。在此类别中的大龄心智障碍青少年能够生活自理，在照顾自己的同时，还能在家庭和机构做一些简单的卫生清理，为父母准备午饭等。如表6-5所示，案主在14岁前一直接受感觉统合训练，如拿筷子吃饭，摆放自己物品等生活技能还没有掌握。也很少与外人交流，遇到陌生人时眼神躲闪，但会主动与家人进行较少的交流，总体上自理能力和社区融入能力很差。进入机构后，案主开始接受居家生活训练一段时间后，能够用筷子吃饭，在餐前准备活动中也可以有序地摆放碗筷。这时，机构老师便会开始训练案主的精细能力，例如，让他自己系鞋带、剥鸡蛋、剥豆子等能力。案主在社区融入方面的能力提升较慢，与机构老师和成员交流都较少，更多时候喜欢独处。目前为止，总体上案主的生活自理能力明显提升，能够帮父母完成家务劳动。但在与人交流与社区融入方面，案主还未达到理想水平。目前服务机构M中"好帮手"类型大龄心智障碍青少年有18人。

"我们家孩子虽然进入机构只有一年多的时间，但是她的变化还是挺大的。以前吃饭的时候，她用筷子都用不利索，现在不仅可以很好地使用筷子，还会帮助我们摆放碗筷，做一些简单的餐前准备工作。以前她话很少，别人问候她，她也不怎么搭理，更别说主动与人打招呼了。现在她会主动跟我们问候几句了，偶尔也会跟别人打招呼。现在她还在上学呢，老师会在手机上传达她的学习情况，她也懂得自己去查看了。"（来自案主LJY母亲）

表 6-6　"好帮手"案例代表

编号：002		调查时间：2018-12-02			
个人基本信息	姓名	LJY	性别	女	年龄	15.5 岁
	确诊时间	一岁多	残疾类别	孤独症	进入机构时间	2018 年
受助之前的情况	生活自理能力差，很多生活技能都不会；很少与外人说话，但是会主动向家长询问和记忆他人信息					
受助之后的变化	居家生活	生活自理能力提高，系鞋带、拖地、洗碗等一些活动都已经学会，因进入机构时间较短，目前仍在学习中。会使用现代通信工具，了解自己的学习情况				
	社区融入	与机构老师、成员交流较少，但回家后会主动询问自己的父母身边人的情况；有时会在社区内玩耍				
	就业支持	年龄较小，目前在普通学校上学，并没有准备就业				

　　社会生活参与"好居民"型成员在掌握生活自理能力的同时，积极与社区居民联系，积极参与社区活动，并能通过社会生活技能训练逐步适应社会生活，提高人际交往能力。根据表 6-6"好居民"案例代表与表 2 社区融入与艺术培养能力评估表，案主目前已经可以生活自理。可以看出，案主在进入机构之前各方面状况都较为严重，无法控制自己的行为举止，由母亲全天候照顾，没有规律的作息，主动性不高。案主进入机构时间早，最开始接受居家生活技能训练，进步较大，机构老师便开始加大训练的难度与力度，案主逐渐地可以进行扫地、拖地等难度较大的居家活动。与前两个阶段能力对比，案主目前已经有很大程度的康复，主动性大大提高，控制力和规划能力都有很大提升。在社区融入方面，案主同样进步很大，积极参与社区劳动，与社区居民主动打招呼，已经获得社区居民的认可与接纳。在艺术培养方面，案主学习了非洲鼓、二胡等多种乐器，还可以自己上网搜索乐谱进行演练。案主在学习之余尝试在社区内演奏，提升了案主在社区内的"知名度"，从而提升案主的自信心，促进案主与社区居民进一步融合。案主进入机构时间较早，接受康复训练时间长，从进入机构前无法自理到现在可以进行庇护性劳动，康复效果非常显著。"好居民"型大龄心智障碍青少年在社区中已有 13 人。

"孩子在 3 岁的时候被确诊为孤独症，我那时候感觉天都要塌了，后来冷静之后就带着孩子去医院治疗，我也积极学习有关于孤独症康复方面的知识。孩子 3 岁的时候我带他到江西赣州接受治疗。治疗 1 年后，他可以说少量的话，在感知方面有较大改善，但主动性还是非常差。2012 年我找到服务机构 M，觉得社区康复的模式对我的孩子非常有帮助，后来孩子在服务机构 M 接受训练，一直到现在，他改善非常大。其实他这个改善过程很漫长，我总是隔一段时间回头对比就发现他确实有很大进步。我之前一直希望孩子能够独立生活就好，但是他现在还可以操作机器、制作糕点，真的让我既激动又欣慰。"（来自案主 CX 母亲）

表6-7　"好居民"案例代表

编号：003					调查时间：2018-12-08	
个人基本信息	姓名	CX	性别	男	年龄	17 岁
	确诊时间	3 岁	残疾类别	孤独症	进入机构时间	2012 年
受助之前的情况	无法控制行为举止；由妈妈全天照顾，不会煮饭做菜和收拾物品；不会认路；玩乐作息没有规律；无法与人正常交流；缺乏兴趣爱好；没有生存技能					
受助之后的变化	居家生活	能生活自理，能完整购物与独自出行。具有时间观念，在督促下会控制看电视时长，会规划练习绘画和二胡的时间；能够将所学的技能运用到家里，懂得感恩和照顾他人，到饭点会去煮饭做菜，并会去敬老院给老人们带去欢乐				
	社区融入	积极参与社区劳动，社区居委会对其进行了肯定，并且发了工资；在社区遇人会礼貌地打招呼；擅长绘画、非洲鼓、二胡、萨克斯，热衷学习，会从网络上搜索谱子自行进行练习				
	就业支持	在服务机构 M 学会了挑选材料、操作机器、烘焙糕点、制作蛋糕、推销点心的技能				

支持性就业"好公民"型大龄心智障碍青少年在生理健康与心理发展上已经达到较高水平，就业技能也在不断提升，走上职业岗位后获得收入，提升职业能力。如表6-7"好公民"案例代表所示，案主在居家生活能力与社会融合能力两方面已经达到了较高水平，在就业支持与潜能开发方面也在不断完善。在接受服务机构 M 社区康复训练之后，案主在"星星想说话"公益匠心坊中制作糕点，在图书馆担任管理员，参与社区环保，已经可以从事庇护性就业，还

拥有部分收入。在综合能力与素质得到显著提升的情况下，案主开始确立就业方向和目标，获得了来自家庭、机构以及外界人士的支持。服务机构 M 中目前已有 5 人成为"好公民"。

"孩子进入机构已经 8 年了，现在也已经 21 岁了。在这 8 年的时间里，服务机构 M 给予我们很多帮助。进入机构之前，孩子可以进行简单交流，不会认路，不会自己买东西，那个时候我都没有想过孩子可以给自己做饭，她能自己吃饭就已经很好了，她一直需要我全天地照顾着，她根本没有办法脱离大人的监管。进入机构后，有时候她回到家，我就能看到她的变化，比如说，某一天她吃饭的时候筷子用得很好。后来发现她去超市会购物，也会主动与人说话。现在她能够生活自理了，当我知道她居然还可以去图书馆做管理员的时候，我就想着总有一天我的孩子也可以过上有尊严的正常生活啊。"（案主 HMJ 母亲）

表 6-8　"好公民"案例代表

编号：004					调查时间：2018-12-01	
个人基本信息	姓名	HMJ	性别	女	年龄	21 岁
	确诊时间	3 岁	残疾类别	智力障碍	进入机构时间	2013 年
受助之前的情况	生活自理能力较弱，不会洗衣做饭等；认知水平较低，不会认路和辨认物品；学习能力较差，简单的事务需要多次教授，解决问题较为困难；可以进行简单的交流；行为规范、自我管控方面较差，好动，喜欢蹦跳，家长无法使她改变。					
受助之后的变化	居家生活	生活自理能力较强，基本掌握煮饭做菜，能进行完整购物，能够辨认交通牌和独自出行；会使用社交网络分享动态，会使用支付宝购买物品				
	社区融入	能够与小组成员合作完成任务；与家人交流亲密；社区活动都会积极参与，遇到熟悉的人都会有礼貌地打招呼 会弹奏扬琴，会打非洲鼓，会滑冰；自主在网络上观看舞蹈视频并学习				
	就业支持	学会了挑选材料、操作机器、烘焙糕点、制作蛋糕、推销点心的技能；目前是小区内的图书管理员，已经达到武汉市最低工资水平				

三、心智障碍青少年社区康复服务的优势、困难及完善对策

本章归纳社区康复服务的基础、内容与效果，展示这种服务模式的科学性与正确性。与此同时，我们也发现，大龄心智障碍青少年社区康复服务依然存在政策与法律法规不完善、资金匮乏等问题，因此我们提出了推广社区康复服务的对策及建议。任重而道远，我们希望社区康复服务能够获得更多的社会支持，能够为心智障碍青少年提供更好的服务。

（一）心智障碍青少年社区康复服务促进社区融合，效果显著

社区康复的实施要依靠残疾人自己和他们的家属、所在社区，以及相应的卫生部门、教育部门和劳动就业部门和社会服务部门等的共同努力。社区康复开展的基础具体包括：康复成员与其家属自愿参与并且主动进入社区，利用本社区资源因地制宜地进行相应的康复活动；患者所在的社区为其提供固定的康复场所，并提供基础的康复器具；社区居民秉持不歧视、自由平等的原则对待患者；相应的卫生部门、教育部门和劳动就业等部门定期对社区和患者提供物质帮助、精神鼓励与信息引导。

社区康复的内容是现代学者对于社区康复研究最为深入和广泛的一环，也是对于我国社区康复事业发展意义最大的一方面。社区康复涉及医疗、护理、生活、工作和社交等各方面，以城乡社区为基地，以政府支持和社会各界为保障，采用合理的康复技术，积极动员残疾人及其家属参与，解决广大残疾人的康复需求，实现残疾人的全面康复。

社区康复服务可以在现有社区支持系统下，构建"微缩型小社会"，鼓励并引导残疾人参与社会生活，充分尊重大龄心智障碍青少年群体的人权。并依据优势视角理论，将他们放置于适当的环境中，更多关注其优势，而非问题。关注大龄心智障碍青少年的期望、能力和技能，激发他们利用自己期望、希望、梦想的积极活力，引导他们进一步学习生活技能、职业技能、兴趣爱好，发掘自身潜力。

对残疾人康复而言，必须把残疾人的问题放在社会环境中，促进其与环境的互动和联系，这样才能相互影响，促使残疾人更好地康复，参与社会生活，增进社会功能，提高生活质量。残疾人作为主要康复服务对象，通过个性化康复服务，不仅能够满足其基本的生存和发展需求，也进一步提高了残疾人生活质量，推动了残疾人融入社会。

（二）心智障碍青少年社区康复服务普及面临的困难

1. 政策和法律保障不完善

社区康复的基础是社会保障制度，针对大龄心智障碍青少年的生活、教育、

医疗、就业各层面的救助政策和保障制度滞后，社区康复服务模式下的社区基础性建设、管理及技术人员培养、工作方法体系建立缺乏政策支持，围绕社区康复服务模式的相关法律制度的缺乏也使得社区康复服务的发展面临困难。

2. 资金匮乏

残疾者社区康复的相关法律法规的出台，是社区康复事业发展的前提和保障。真正在立法中明确社区康复服务重要性的是在《中华人民共和国残疾人保障法》中，要团结政府以及社会上各方力量开展社区康复服务工作。但是，我国法律并未明确规定社区康复服务网应具体怎样地投入与支持。现阶段政府对心智障碍者社区康复服务方面的政策保障与经济支持有限，国家专项资金有限，也很难及时到位。而该群体目前并没有受到慈善机构、公益组织等社会组织的重视，因此，目前大龄心智障碍青少年社区康复的资金保障体系并不健全，社区所开展的康复活动资金大部分仍由心智障碍青少年家庭承担，经济负担大。

3. 缺少包容性社区的支持

社区康复要求人们尊重残疾人逐渐发展的能力和潜力，尊重差异，接受残疾人是人类的一分子，机会均等，不歧视等。大龄心智障碍青少年社区康复服务所需的社区支持包括了居民对心智障碍人士的包容程度与社区基础设施建设。一直以来，社会大众更加关注的是大龄心智障碍青少年物质生活质量的提高，很少注意他们的内心和精神世界。目前仍有部分群众对心智障碍人士持冷漠、歧视态度，认为社区康复服务并无任何效果，并且在社区康复服务活动中也很少能够主动参加、未能及时提供帮助。这会严重影响社区康复服务的效果，对大龄心智障碍青少年的自尊与自信造成极大损伤。社区康复服务的基础设施缺失也是面临的重要问题之一。部分社区只能提供一些基础娱乐设施，这对康复治疗并没有太多的作用。

4. 社区康复与实现就业缺少有效衔接

实现就业是大龄心智障碍青少年社区康复服务有效性的强烈体现，但是由于社会支持性就业岗位的不足，虽然部分大龄心智障碍青少年康复效果显著，心理发展、就业技能、职业能力都有很大提升，但是现实中出现的问题例如就业市场存在的就业歧视、支持性就业岗位开发不足、企业避免承担社会责任，大龄心智障碍青少年的就业问题解决面临一系列难题。

（三）大龄心智障碍人士社区康复服务的完善对策和建议

1. 健全法律政策体系，增强对残疾人社区康复的扶持

目前我国大龄心智障碍患者的康复与社会安置基本为空白，政府应制定相关政策积极培育大龄心智障碍人士康复机构。一方面，建立较完善的社区康复人员的培养制度，培养社区康复领导者、管理者、协调员和康复员。结合专业理论，在如何促进大龄心智障碍人士康复和社会融合上总结形成完整训练辅导流程和科学方法体系。帮助解决大龄心智障碍人士康复机构发展瓶颈，为大龄心智障碍人士康复机构的推广提供科学理论和方法的指导。另一方面，要将大龄心智障碍青少年的社区康复纳入法律体系，以立法的形式为该类群体的合法权益提供强力保障，减少社会歧视，促进社会公平。

2. 建立多元化、社会化的社区康复服务筹资机制

在现阶段，这一部分支出占政府财政预算非常少，直接造成大龄心智障碍青少年社区康复服务经费严重不足，要发展首先要解决资金来源问题。探索出符合国情，适应发展的筹资机制，不能靠单一的政府财政解决，除了政府财政拨款之外，社会筹集、个人捐赠，收取一定的有偿服务费用等多元化方式都是大龄心智障碍青少年康复服务经费的筹资渠道，可以通过社会福利事业、基金会、慈善事业等多种渠道获得资金来源，发挥社区基层党组织的作用，动员驻街企事业与社区单位积极投身残疾人保障事业中来，开展义卖、募捐、赞助等活动，多方面地扩充资金来源范围，充分适应市场经济环境的要求，对残疾人社区康复服务机构采取公办民营的模式，吸收社会资金投入；政府对机构的建立按技术予以部分补贴，民营组织接受政府委托补充其余部分补贴，在运作过程中对政府负责，接受监督。

3. 提高社区康复服务的社会化意识，建立社会支持网络

大龄心智障碍青少年的康复服务范畴虽然局限在大龄心智障碍青少年群体，但是应该增强公众对"大龄心智障碍青少年社区康复"这个概念的认识，减少歧视，多一些包容。心智障碍不仅仅是个人生理问题，更是个体与社会环境相互作用的结果，需要人们形成包容性社会发展理念。大龄心智障碍青少年社区

康复服务的突出优势是弥补了机构康复服务模式的不足，让大龄心智障碍青少年接触到不同的人，体验、参与社区生活。社区医生可以合理计划时间安排，定期进行社区巡诊，提供健康咨询，在社区居委会的共同配合下，组织开展健康教育宣讲活动等，为大龄心智障碍青少年提供身体心理、健康教育、技能指导等方面的医疗康复帮助。社区康复服务的目的一方面在于鼓励和支持大龄心智障碍青少年融入家庭，融入社区；另一方面是动员社区和社会接纳大龄心智障碍青少年，为大龄心智障碍青少年重新参与家庭生活和社会生活创造条件，这也是我国大龄心智障碍青少年康复事业的重要任务。电视、广播、报刊、网络、社会舆论等渠道，都是广泛宣传大龄心智障碍青少年社区康复的重要媒介，要通过宣传提高广大群众对大龄孤独症青少年的合理性认识，为他们融入社会创造良好社会环境。

探索符合中国国情的大龄心智障碍青少年社区康复服务模式，就要把这项服务纳入社区综合服务体系中去，在为大龄心智障碍青少年进行各种社区服务中强化全面康复的指导思想。在我国，大龄心智障碍青少年社区康复事业不仅仅涉及卫生部门，还需要教育、职业等社会服务机构的大力参与，需要资金和资源、人才和技术等方面的支持。要广泛动员社会力量，加强各种力量之间的联系和协调合作，这项事业才可能长盛不衰地发展下去。

4.聚焦社区康复目标，助力大龄心智障碍青少年实现自我价值

大龄孤独症患者各项能力恢复较好后，政府、社区、社会组织应该帮助解决该类群体的就业问题，促进大龄心智障碍青少年就业。第一，需要提高社会对孤独症患者的认知，为大龄孤独症患者就业营造良好环境，减少就业市场的歧视。第二，就业服务人员需要充分发掘适合孤独症患者的就业岗位，引导心智障碍人士参与社区服务业，例如，社区清洁绿化、商业服务业、餐饮、物业管理等岗位可以交给康复服务效果良好的心智障碍人士从事。引入"民营企业+社会组织"的模式，能够为大龄心智障碍青少年提供更多元化的体验式活动，在与企业员工交流合作的过程中，发掘他们的潜能，提升他们的自信心，增强他们对自我价值的认同感。大龄心智障碍青少年实现就业是对社区康复服务效果的肯定，也是对他们自我价值的肯定，达到了融入社会的目标。

第七章 心智障碍青少年家庭社会支持的个案工作实践

一、心智障碍青少年自伤行为的个案分析

（一）个案概况

案主，男，14 岁，3 岁时被确诊孤独症，并有语言沟通障碍、智力障碍、运动与平衡低敏、触觉低敏等问题。其曾在学校就读，后因疫情影响和问题行为频发而转至 M 机构进行康复。其儿时乖巧听话，对指令服从性高，但未有效习得语言表达自我需求的能力。其父亲管教苛刻，有严厉责骂和体罚的情况。其自伤行为常发生在焦虑和恐惧的情境，以缓解焦虑。监护人对其自伤行为的处理不当，常常强化其自伤行为，使其自伤行为频发，双臂布满瘀痕和血痂，严重损害其自身健康，也给监护人和康复工作人员带来了较为严重的心理负担。

（二）接案与建立专业关系

在 2021 年 9 月至 2022 年 3 月期间，研究者担任居家班的助教老师，与案主及其监护人有大量接触，其监护人会主动询问研究者和案主的表现情况，研究者也成功地获得了案主的配合，建立了良好的专业关系。案主母亲（ZAL）希望案主情绪稳定，不伤害自己，能够生活自理。至此，研究者对案主的问题开始收集资料，进行问题诊断和分析，最终确定了"案主—家庭—机构"的心

理社会介入模式，对案主自伤行为进行介入。

（三）资料收集与预估

1.案主资料的收集

首先，关于案主个体层面的资料收集，主要有以下三方面：

第一，生理层面。案主系孤独症谱系障碍（ASD）患者，表现出语言沟通障碍、运动与平衡低敏、听觉低敏、触觉低敏等症状。此外，案主还表现出睡眠障碍，需要在条件适宜的情况下才能启动或维持睡眠。

第二，心理层面。案主智力发展落后于同龄人，参与生活认知类课程需用强化物。案主以轻度自伤行为满足自我感官刺激需求，以中度自伤行为打断难度较大的康复训练情景。

第三，社会层面。案主社会交往功能发育迟滞，几乎不与同班级学员或老师互动。此外，案主自控能力较差，会在老师手里抢夺食物。

关于环境层面资料的收集，主要包括家庭和机构两方面。

家庭环境层面：案主家庭教养方式较为严苛，监护人对案主自伤行为的应对方式主要采取喝中药和禁食。案主父亲脾气暴躁，对案主达不到其要求的行为十分严苛，有怒斥和体罚的情况出现。由于案主运动与平衡低敏等问题，监护人很少带其参加公共活动，如外出用餐、购物等活动，以避免外界的关注或特殊目光，使案主接触社交情景的机会较少。

机构环境层面：由于案主存在运动与平衡低敏、情绪不稳定等问题，需要监护人全程陪同才可参加。这导致案主难以获得有意义的社交互动经验。此外，由于午睡时间两个班级的学员睡在同一教室，案主因睡眠障碍常在此期间哼歌或尖叫，这致使其他班级的学员对其大声斥责或贬低性的辱骂，此行为会引起其他学员刻板性模仿，使其在机构中人际关系紧张。

2.问题诊断与需求分析

根据上述有关案主个体与环境层面的资料，可对案主的自伤行为做出如下诊断：

第一，心理动态诊断。主要是对案主自我、本我、超我三部分做横向的动态分析，了解其人格的内部动力联系（许莉娅，2004）；案主自伤行为产生的一部分原因是案主超我希望完成和达到康复教师的要求，但本我不想面对失败的情景或不想做某些让本我感觉不舒服的事情，导致二者失衡，现实中的自我为了逃离或逃避某些场景，转而采用自我伤害的方式，保护自己。

研究者在本周一给案主及其他3个孩子进行早间粗大运动训练时，研究者给指令让案主做20个仰卧起坐，一般情况下，案主需要在研究者的肢体辅助（让他握住一只手，适当地拉动他）下，但这次研究者给予案主与往常同样的肢体辅助，他尝试做到9个左右，开始有情绪，开始带着哭腔吼叫，旁边的康复教师告诉研究者"辅助力度大一点，数数数快一点"；研究者按照康复教师的建议快速让案主结束了仰卧起坐的运动，案主后来情绪也趋于了平静。

事后，康复教师告诉研究者，"他不愿意做仰卧起坐了，可能这几天都在做，运动量大了，腰腹酸痛，所以又想逃避任务了。下次遇到这种情况呢，你就数快一点，不要让他有成功逃避任务的感觉，让他感觉还是完成了任务的"。（ZY，观察记录）

第二，缘由诊断。案主小时候听话乖巧，其幼年在另一所机构进行康复训练时，习得大量技能，且对教师和父母的指令配合度较高；但其近两年步入青春期，语言运用能力仍发展迟滞，不能用词语和简单的句子表达自己的意愿和需求；当父母或教师的指令与其意愿相违背时，其会沉默、不理睬，在遇到强烈要求时，会采用自我伤害的方式打断令其不适的情景。

"我和他妈妈认识好多年了，当时我的孩子差不多3岁，我和他妈妈一起去青岛那边康复。对比我的孩子，他简直像个天使，不哭不闹，安静听话。我的孩子从小到大都使劲折腾，很多问题在成长的过程中暴露出来了，然后我们就在问题暴露的时候慢慢地处理好了，她现在的情绪、行为都还比较好，所以她还能在普校里待半天。但是他们家的孩子，是一直都很听话，问题在青春期突然一下爆发，以前都很听话的，突然他有自己的想法了，变得不听话了，父母再一逼他，情绪问题就来了。"（ZH，访谈记录）

第三，分类诊断。生理方面，案主触觉低敏，不易察觉受伤。案主在此方面的表现为喜欢堆叠积木、捏弹珠，在没有训练活动时会将手背放进嘴里啃咬，但不会造成机体损伤。心理方面，表达能力不佳，康复训练难度较大。案主自伤行为产生的一部分原因是案主超我希望完成和达到康复教师的要求，但本我可能不想面对失败的情景，导致二者失衡，自我为逃离或逃避此场景，采用自我伤害的方式，保护自己。社会方面，案主的社交情境缺乏。案主及同班级同学多为孤独症患者或多重障碍患者，缺乏可互动沟通的社交环境，加之机构部分学员对案主稍有不满，其机构人际关系较为紧张；其监护人较少带领案主从事社交行动，导致其社交情景匮乏，从而使案主缺乏使用语言表达需求的契机；在高压情景下，通过自伤行为表达需求和意愿。

本研究中，根据案主自伤行为的表现、受伤程度、目的达成（功能）来定义该行为（见表7-1），将案主咬住手背或小臂但未受伤，以满足自我感官刺激需求的行为，定义为自我刺激行为；将案主哭喊并啃咬手背或小臂，未引起肌体红肿，为获得实物的行为，定义为实物强化行为；将案主啃咬手背或小臂致使肌体破损、水肿，以打断令其焦虑的情景，定义为逃避强化行为。

表 7-1　自伤行为功能定义表

自伤行为	受伤程度	功能	定义
啃咬手背或小臂，并未引起肌体损伤	未受伤	满足自我感官刺激	自我刺激自伤行为
哭喊并啃咬手背或小臂，引起肌体损伤（红肿）	轻度	表达需求，获得实物	实物强化行为
啃咬手背或小臂，致使肌体损伤（水肿或破损）	中度	逃避任务，打断不适情景	逃避强化行为

据以上分析，案主自伤行为的形成和发展，主要是高压环境和自身能力发展有限的个体互动的结果；加之，社交情景的匮乏，使案主长期缺乏轻松的环境进行自主探索，而使得其自伤行为得以维持；而其现有的社交行为会导致机构人际关系紧张，使社交情景充满了压力。其内在关系如下图所示：

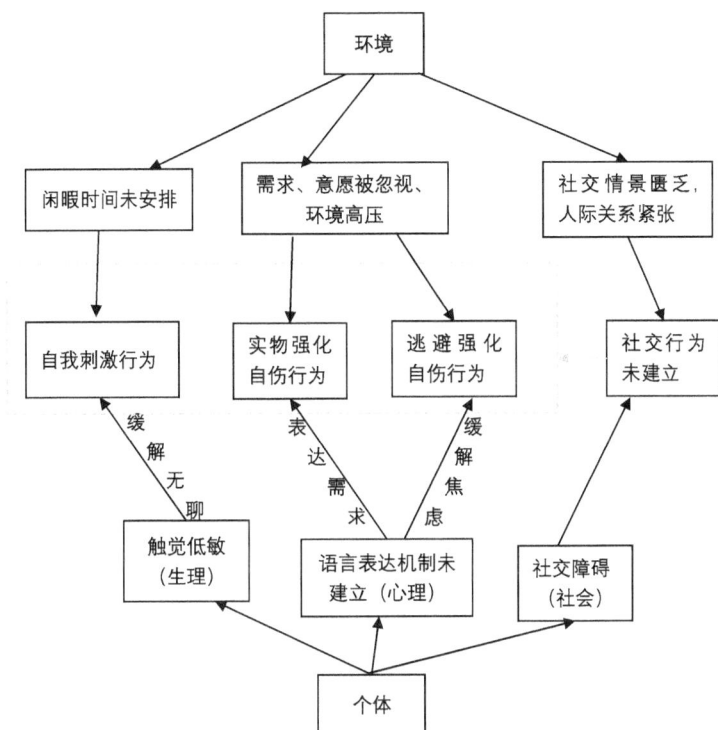

图 7-1 自伤行为成因分析图

据此，可对案主自伤行为和核心障碍所体现的需求进行分析，如表 7-2 所示。

表 7-2 自伤行为类型与功能

自伤行为 / 障碍	功能（需求）	功能改善或替代行为的建立
自我刺激自伤行为	满足自我感官刺激	合理安排闲暇时间、感统训练
实物强化行为	表达需求，获得实物	需求表达行为的建立
逃避强化行为	逃避任务，打断不适情景	降低环境压迫性、意愿表达行为的建立
社交障碍	社交需求	改善机构人际关系，提升社交场可及性

二、兼顾个案与家庭的介入计划

（一）介入目标

1. 总目标

研究者采用个案工作的方式，对孤独症儿童 WW 的自伤行为进行介入，一是希望通过介入措施的实施，降低其自伤行为发生的频率，帮助其养成良好的娱乐习惯、恰当的需求及意愿表达方式，促进其心理健康发展；二是通过改善案主的环境（家庭、机构），减少其焦虑不安，提升案主的自我实现和满足感，使人与情境和谐互动，促进案主全面成长和发展。

2. 具体目标

包括直接介入目标和间接介入目标。

直接介入目标包括：能力提升，案主能主动或在提示下用简单的短语或句子表达自己的意愿和需求，以增强其应对环境压力的能力，降低其实物强化、逃避强化行为的发生频率；行为改善，将案主满足感官刺激需求的啃手、咬手，替换为合理的自我刺激行为。

间接介入目标包括：家庭环境的改善，包括案主父亲动手打人、大声呵斥的行为的减少，案主居家日常活动安排的丰富化；康复环境的改善：康复任务适度简化（使案主获得自我掌控感和自信）；机构人际关系的改善。

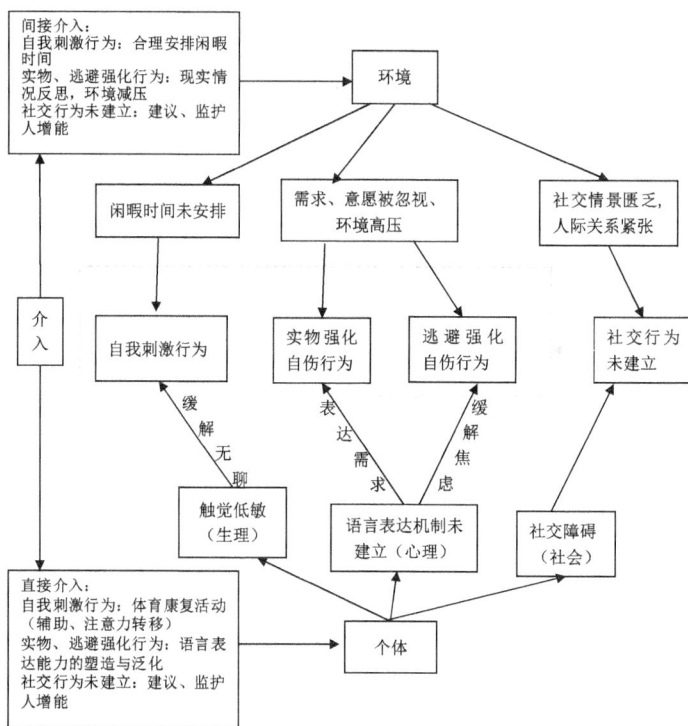

图 7-2　自伤行为介入机制图

116

由于案主的自伤行为产生于个体生理障碍与限制性较高的环境，因此，需要对环境和个体共同介入，介入方式如图 7-2 所示，就环境问题（闲暇时间未安排、环境高压、社交情景匮乏）、个体障碍（触觉低敏、语言表达能力未建立、社交障碍）采取相应的介入方式。

3. 介入计划

心理社会治疗模式立足于生理、心理和社会三重因素的综合分析和协调，由此调适个人与社会环境的关系，推动个人内在自我需求的真正实现。本研究的介入将案主个人能力的建立与发展和环境的调适并重，分别对案主的功能失调、个人能力和所处环境进行介入，如表 7-3 所示。

表 7-3　自伤行为介入计划表

介入层面	介入内容	介入方法
生理层面	自我刺激行为	直接介入：辅助与注意力转移 间接介入：合理安排日常活动的内容和时间
心理层面	实物和逃避强化行为	直接介入：示范、行为塑造、正向强化 间接介入：环境减压（现实情况反思、建议）
社会层面	机构社交环境的改善	间接介入：引导、鼓励其他康复学员与案主交流
	提升自然社交环境的可及性	监护人增能（使监护人具备行为塑造和泛化的技能，使其对案主的语言表达能力和社交行为进行介入）

三、心理社会治疗模式实务介入过程

（一）生理层面的介入

自我刺激行为是孤独症儿童常见的行为问题之一，此类行为的发生可满足儿童自身感觉的需要，因其产生感官舒适，儿童会因此得到自我强化，从而产生重复刻板的自我刺激行为（赵得琴，2022）；自我刺激行为不但会降低孤独症儿童的社会互动（剥夺社会性注意，儿童沉溺于自我感官刺激的满足，而对外界环境漠不关心）（Smith et al，1996），且其具有较强的自动强化功能，长此以往，该行为将难以更正（Mays et al，2011）。

因此，对案主自我刺激行为的介入，可解放其社会性注意力，促使其将注意力投放到所处的社会环境中，觉察和识别社交场景中的人和物。

1.直接介入：辅助与注意力转移

研究者在初入机构时，主要从事该机构晨间运动课程以及居家技能康复训练课程的助教工作，后来通过与机构管理人员的交谈，并查阅资料了解到，体育运动尤其是有氧运动对于减少孤独症儿童的自我刺激行为有着非常明显的效果（Tse，2020）；由于该机构的晨间运动是居家技能提升班和职业技能提升班的学员一同参与，音乐声音较大，案主在此环境中情绪兴奋，易产生大幅蹦跳和跑动的行为，机构负责人认为这种环境不利于案主的身心健康，便安排居家技能提升班的康复教师和研究者共同负责类似4个孩子的晨间运动，主要以粗大运动为主。

研究者主要选择性呈现介入期间案主参与的体育康复活动的相关教案（如表7-4），及相应介入措施。

表7-4　介入初期案主教案记录表

类别	粗大运动			
课程名称	抛接球			
日期	2021.11.10	班级	居家班	主课教师	ZH
教学用具	篮球、彩圈			
教学过程	说明（教学要点、方法以及要求等） 一、课前常规 老师说明上课时学员应该遵守的要求，简要介绍上课内容。 二、导入 同学们，大家早上好！又到了我们的运动时间了，跟着老师一起来活动活动身体吧。 今天老师和同学们一起来玩抛接球，通过抛接球，可以让我们的手臂和手腕更加灵活哦！ 三、教学流程 1.讲解抛接球的顺序规则（学员站立在固定的彩圈内，与同组学员相互对抛篮球） 2.示范抛接球的正确传递顺序 3.师生共同参与抛接球的活动 4.老师总结，活动中依学员的完成度、情绪、规则做点评 四、学员练习 学员在多回合活动后，点评每个学员值得称赞及需要改进的地方。 五、课堂小结（1分钟） 今天的课程到这里就要结束了！大家排好队，回教室了。				

（1）案主表现

社会性注意：案主不能将注意力投放到所处的社会环境中，未对教学场景中的教师及教师与其他学员之间的抛接球示范予以觉察和识别，老师讲解运动规则时，案主主要低头揉捏自己的手背，目光游移。

任务完成度：在进行抛接球的过程中，案主能站在固定的彩圈内，对于其他学员抛向他的球，其选择用手掌拍开，表现出害怕和抗拒的神情；不能按照规则完成运动项目。

情绪与行为表现：自我刺激行为（啃咬食指第一指节、第二指节）发生一次，持续时间1分钟，在运动开始时，被迫停止；情绪较不稳定，闪躲抛向其的篮球，在多次拍开另一学员抛向其的篮球后，离开了定点的彩圈，经提示也不愿意继续参与该活动。

（2）介入措施

自我刺激行为的介入：不予以该行为注意和社会性强化，利用参与体育活动，转移其注意力。

情绪介入：降低任务难度，缓解其害怕的情绪；研究者劝说其回到指定的彩圈内，其不予回应；研究者继续询问其愿不愿意和研究者近距离相互传球，其表示同意；在完成一定回合的传球后，研究者予以其社会性强化（表扬其接球接得准，传球刚好能传到研究者的手中，表现得很棒）。

2. 间接介入：合理安排活动时间和内容

孤独症儿童的自我刺激行为与其所参与的活动或训练的内容、形式和时间有较为密切的关系，使其处于无聊或陌生的环境，其自我刺激行为发生的可能性越大（马志鹏、宁宁，2020）[1]，因此，机构和家庭需联合介入，合理安排案主的活动时间和内容，减少案主从事自我刺激行为的机会。

在康复机构中，案主在等待其监护人接其回家的时间段内，常有自我刺激行为，如在走廊上开水龙头玩水。为应对这种情况，研究者通过转移其注意力，例如，给指令让其关掉水龙头并陪同其回教室进行其他活动（堆叠积木或者引导其对机构负责人提要求——拿钢琴房的钥匙，弹钢琴）。机构管理人员与监护人沟通，建议在日常生活中，如购物、野餐等，带案主使用社区；康复教师ZH与研究者一起制定了案主日常居家的任务清单（表7-5），建议案主监护人

---

[1] 马志鹏，宁宁. 自闭症儿童自我刺激行为干预策略研究综述 [J]. 新疆教育学院学报，2020, 36(02): 65-70.

与案主共同参与，以求丰富案主的居家日常生活，降低案主从事自我刺激行为的概率。

表 7-5 日常居家任务清单表

时间 （周六、周日）	活动任务	完成情况 （完成√）	奖励
10:00—10:20	下楼丢垃圾	√	橘子半个
10:30—11:00	跟随家长外出购买食材	√	表扬其行为
12:50—13:20	餐后收拾，送碗，擦桌子	√	玩平板 3 分钟
17:20—18:00	择菜（剥毛豆、豌豆）	√	弹钢琴 8 分钟
18:30—19:40	外出散步（无大幅蹦跳行为）	√	点心 1 块
20:40—21:10	堆叠积木，收拾积木	√	表扬其行为

（二）心理层面的介入

对案主心理层面的介入主要通过直接介入——实物与逃避强化行为的介入（增强需求与意愿的语言表达能力）与间接介入——家庭环境与机构环境的减压相结合，通过对案主自身能力的增强，疏通其内心需求与意愿表达的渠道，加之家庭与机构康复环境的减压，减少其焦虑不安感，降低自伤行为的前因。

1. 实物与逃避强化行为的介入

对案主适应功能的介入，贯穿整个服务过程。案主因缺乏社交场景和成长过程中的听话状态，运用语言表达自身需求和意愿的行为未得到有效塑造和强化。面临焦虑或恐惧情景时，案主常以自我伤害行为应对环境压力，互动者的妥协或介入行为，常强化了其以逃避为目的的自伤行为。为解决此问题，需加强案主需求和意愿表达能力的建设，充分创造和利用日常康复情景，引导案主用语言表达需求和意愿，并予以正向强化，使其意识到语言表达能达到目的，逐渐替换其逃避强化行为。

（1）需求和意愿表达行为的塑造

对案主从老师手中直接抢食物的行为，以及对案主通过轻度咬手伴随哼叫的实物强化行为进行塑造，使案主的行为不断接近目标行为（用简短的语言表达需求）；在日常的康复训练中，关注案主不能完成和不想完成的情况，引导案主用语言表达意愿，以替换案主的逃避强化行为。

第一，无错误示范正确的需求表达行为。

康复教师 ZH："哇哦！大家看一下，老师的盘子里装着什么呀？"

学员、社工 ZY："雪花酥！"

康复教师 ZH："答对了，我们今天的点心有坚果、有草莓干的雪花酥哦，哪位同学想吃呀？"

社工 ZY："老师，我要吃雪花酥。"身体坐直，左手放于桌面，举高右手，望向康复教师 ZH。

康复教师 ZH："好的，小张老师举手举得最高，声音最大声，奖励小张老师一块大大的雪花酥。"

社工 ZY："谢谢老师！"

康复教师用夸张和较大声的语气词，主要是为了吸引各学员的注意力，研究者大声回应，在吸引案主注意力的同时，示范正确的需求表达方式，康复教师在社工从事正确的需求表达方式后，予以社工食物。

第二，需求表达行为的塑造和正向强化。

康复教师会根据案主的行为表现予以其实物强化和社会性强化。

开始介入时，只要案主举手，便立即予以实物强化（雪花酥）和社会性强化（WW 的手举得真高，老师看见了），使案主意识到举手示意，便能获得自己想要的点心。

当案主可以在点心时间，主动举手时，研究者会在其举手时引导其说出"老师，我要吃"的语句，当案主完成该语言表达行为时，康复教师 ZH 立即予以实物强化和社会性强化；当案主可以在提示或独立完成用该短句表达时，再完整引导案主说出"老师，我要吃雪花酥"；每次案主经提示完成用该短句表达时，便予以其实物及社会性强化，直至其能在同等情境下，运用语言表达需求。

第三，意愿表达行为的塑造和强化。

在日常康复训练中，案主常不能独自完成仰卧起坐的康复训练，常需研究者提供一定的辅助才能完成。在介入初期，研究者仅提供辅助，在案主逐渐熟识和接受研究者时，研究者便引导其使用语言"拉我一下""老师，拉我一下"，在其使用语言表达的情况下予以其辅助。

在案主情绪较为起伏时，为不加剧其情绪波动，研究者会询问其是否愿意继续从事康复训练，当其用语言表达"不、不想"时，研究者会减轻其康复训练任务，并与其协商为其他从事仰卧起坐康复训练的学员计数。通过对案主意愿表达行为的结果满足，达到对案主逃避强化行为的介入。

（2）需求和意愿表达行为的泛化

需求表达能力的泛化，主要涉及不同康复主体、不同康复情景，人物、时间、地点以及语言和辅助的变化，使案主能在不同的社交情境中，在没有或只需少量支持和提示的情况下，可以使用语言行为表达其需求或意愿，使案主真正具备语言表达需求或意愿的能力；对案主需求和意愿表达行为的泛化，有利于预防案主再次从事自伤行为复发的风险。

此部分的介入是让案主适应不同的环境、社交情景、社交对象、支持主体，其需求与表达意愿的泛化，依据康复主体分布的场景不同，分为康复环境中的泛化训练和自然环境中的泛化训练。

其中，康复环境中的泛化训练，主要是在介入的后期（2021年12月—2022年1月），在案主情绪稳定和自伤行为发生率较低的情况下，对案主的需求表达行为进行泛化训练，主要介入措施是，在康复情景中变化康复教师、康复训练的地点、内容，使案主能适应不同的康复人员及在不同的康复情景中，通过语言表达自身需求和意愿。

自然环境中的泛化训练，需要案主的监护人带领案主走出家庭，拓展日常活动范围到社区。监护人需要带领案主使用社区设施，如餐饮店、水果店等社区设施，在不同的场景中发现案主的需求，引导其通过语言表达，对其需求表达行为进行正向强化，逐步促使案主在不同的前导刺激下使用已学会的需求和意愿表达行为。

2.机构康复环境与家庭的减压

对案主内心焦虑的介入，主要是以间接介入为主，改善其机构康复环境和家庭环境，通过降低环境的压迫性，缓解其内心焦虑。案主在机构获得无聊的康复训练内容时，会从事自我刺激行为或高声尖叫屏蔽环境信息；当康复训练难度过大，引发内心焦虑时，案主会以中度或重度自伤行为来打断当下情境。因此，适当改善康复训练环境有利于案主的情绪稳定和社会性注意力的集中。此外，案主居家日常活动安排单一，其父亲教养方式较为严苛，对家庭环境的介入有利于缓解其内心焦虑。

（1）机构康复环境减压

机构康复环境的减压，主要是采取现实情况反思的方法，通过与机构负责人就孤独症儿童的康复理念、康复内容进行探讨，康复教师 ZH 和研究者就其中对案主施压较强的想法和介入措施进行了调整。

研究者认为，孤独症儿童的康复应最大限度地开发其自身潜能，因为人最终是要走向社会的，其融入社会的成功或失败取决于其自身能力的发展；如果孤独症的康复只是给予其支持而不走向独立，那么孤独症患者将鲜有机会实现真正的社会融入。

机构负责人就此表示："每个孩子的起点都不同，有的孩子程度轻，不需要什么支持就能按部就班地学习走向社会；但有的孩子程度很重，像我家孩子，我花了两年的时间才让他分清楚上下左右，有的事情正常孩子一两遍就学会了，他可能一辈子都学不会，在他有限的生命里能做到自我照顾就已经很好了。所以，我们不能只是介入他们，还需要提升环境对他们的包容度。像我们社区，他从小就在这里长大，附近的商场、面馆、理发店的人都知道他，这里的人看着他长大，会理解和帮助他；这就是为什么，我们一直在这个社区生活，因为这个环境，能给到他支持，让他以他有限的能力，完成他的生活。

"同样的 WW 的康复，孤独症孩子在青春期，情绪和问题行为都会暴发，加上他还有严重的自伤行为，学习技能不可能比他健康和安全更重要，所以需要降低他的康复难度，稳定他的情绪。"

研究者在与机构负责人交流后反思发现，案主障碍程度严重，且伴有智力障碍。如果只追求技能传输而忽略案主实际情况，就如同之前的康复经历，无法取得成效。机构和家庭的高压环境使案主长期生活在高压中，常选择顺从而非表达自我需求和感受，若无法达到外界预期则采取自我伤害来缓解焦虑和不安。

研究者和康复教师ZH在商讨之后，恰逢案主该年度的个别化教育计划（IEP）需要制定，决定邀约其母亲，参与案主的个别化教育计划的评估和制定；希望通过此次机会，对案主的家庭环境进行介入。

（2）家庭生活环境的减压

本部分的介入，主要分为两个阶段。

第一阶段主要依托案主的个别化教育计划（IEP）的制定为基础，康复教师向案主母亲介绍个别化康复教育计划的评估工具和评估内容，并对案主的康复水平进行评估。在其基础上与其讨论案主的日常行为方式，通过列举的方式，使其意识到案主在用其特有的表达方式传达其意愿和需求。

社工ZY："我看WW最近每天都在喝中药，是在调理身体吗？"

案主母亲："是的，最近换了中药，情绪稳定点了吧，咬手的次数也少了。"

社工ZY："可能有作用吧。"

案主母亲："是吧。听你们讲了这么多他在机构的情况，还有他对你们的态度，我感觉他对我和对你们一样冷漠。"

社工ZY："没有吧，你每次接他的时候，他都是笑着边蹦边跳出来的，他爸爸来就不是这样啊，还有就是他很少和我们互动的。"

案主母亲："是吗？我都没有太留意。"

社工ZY："是呀，他在用他的方式表达他很高兴你能来接他。"

案主母亲："是的，我有时候挺伤心的，觉得他对我好冷漠，但我在多数时候是烦他的一些行为，很少去理解他。"

第二阶段，基于评估结果及案主的情绪行为问题，对案主接下来的康复训练进行调整和规划，使康复内容更贴合案主的兴趣爱好和能力范围，双方在确立共同目标和案主的康复需要的基础上，分工合作，共同保障案主所接受的康复服务；通过现实情况反思，使案主监护人认识到案主自伤行为的原因之一是打断使其感到焦虑的情境，进行自我防卫，从而使其监护人在家庭环境减压方面做出努力。

社工 ZY："你们认为他咬手的原因是什么？"

案主母亲："情绪激动啊，我们给他喝中药，就是希望他情绪稳定点，不要遇到不开心的事情就咬手。"

社工 ZY："那他为什么不开心呢？通常什么情况下，他不开心呢？"

案主母亲："要求他拖地或者自己穿鞋子的时候。"

机构教师 ZH："有次，我让他把没叠好的被子再叠一次，他突然就咬手了，我都来不及阻止他；我把他转移到另一个教室玩积木，初衷是想转移他注意力，结果有个老师去问他积木的颜色，把他问烦了，他又咬手。我们当时就赶紧拉住他，还往他嘴里塞毛巾都不管用，后来还是社工 ZY 拿了个苹果，使劲往他嘴里塞，才把他的手弄出来。"

社工 ZY："其实，我们就是想说，强迫他完成他无法完成的任务，他会焦虑。在家里，如果完不成任务，他知道他爸爸会凶他，他就提前通过咬手的方式，打断让他觉得焦虑和害怕的情景，这样就不用被爸爸凶了。"

案主母亲："嗯，我理解你们的意思了。我有次喊他起床的时候，喊了三遍都没起来，他爸爸再进他房间时，他就咬手了，那次真的太严重了。"

（三）社会层面的介入

社会层面的介入，主要是为了巩固和泛化案主需求和意愿表达技能，与此同时，通过不同的社交情境，引导案主形成较合理的社交行为；使其在自然情境中也能运用此行为满足自身需求；机构社交环境是案主接触强度最大的社交场景，因此对案主机构人际关系的疏通和缓和，可为案主提供自然的社交场景，满足其社交需求，促进人际关系的和谐化，也可以使案主处于舒适、无压力的环境中，有利于案主的情绪稳定；社区的使用，也是案主接触自然社交环境，发现及满足自身需求的重要途径，对案主监护人的鼓励及相关技能的指导，有助于案主监护人支持案主使用社区，发现自身需求，适当地引导，有助于案主需求和意愿表达行为的强化与泛化，从而降低案主自伤行为复发的风险。

1. 机构社交环境的改善

首先，消退不当行为，缓和机构人际关系。案主与部分机构学员关系不融洽的主要原因之一是，案主因睡眠障碍在午睡时常大声唱歌，打扰同一睡房学员午睡；加之案主语言表达能力较弱，无法应对他人恶意行为，而加剧了个别学员对案主的辱骂行为。研究者通过与机构各康复教师沟通，统一介入对策：首先，就其他学员的辱骂行为进行制止评判；其次，就案主午睡期间唱歌吸引他人注意的行为，需教师和同睡房学员忽视其行为，达到逐渐消退该行为的效果。

其次，增加互动机会，促进社交行为的形成。在机构，有个别唐氏综合征的学员，语言能力强、性格和善，愿意同案主说话和帮助案主。研究者对该学员的利他行为进行正强化，鼓励其发动更多的学员帮助案主与案主交流，希望案主能在包容和谐的同辈群体中，获得良性社会互动，在康复教师及相关学员的帮助下，形成符合社交情境的社交行为。

2. 提升自然社交环境的可及性

此部分的介入主要是与案主需求和意愿表达行为的泛化相结合，通过建议和鼓励案主监护人，并予以案主监护人相关的指导（向案主说明此次行为的目的，告知其需要遵守的规则，若其在此过程中遵守规则，将获得相应的奖励；强化策略的使用方法），使其具备支持案主使用社区的能力，从而支持案主在自然的社交环境中，发现自我的需求，通过语言表达的方式呈现自我需求，监护人予以其需求的满足，强化其语言表达行为，并在此过程中示范和塑造案主的社交行为。

（四）结果评估

1. 目标达成情况

对个案工作目标达成情况的评估，主要采用观察法和基线测量法，在介入前对案主的自伤行为发生频率进行记录，在介入过程中记录其每月自伤行为的发生频率，通过基线测量，发现案主自伤行为得到明显改善，如图7-3，7-4所示。

关于案主功能失调和适应能力的增强，通过观察发现，案主能在日常康复情景中主动用语言表达其需求，在适当的提示下能用语言表达其意愿，其实物强化行为得到消退，其发生频率从 2021 年 9 月的 16 次，降低到 2022 年 2 月的 0 次；逃避强化行为发生频率大幅下降，发生频率从 2021 年 9 月的 8 次，降低到 2022 年 1 月的 0 次，次月该行为有一定程度的反复；自我刺激行为发生频率有所下降，发生频率从 2021 年 9 月的 40 次，降低到 2022 年 2 月的 10 次，虽然未完全消退其自我刺激行为，但其自我刺激行为能在接收到康复教师的指令时及时终止，较之前需用强度较大的强化物才能有效转移其注意力，该行为得到较为明显的改善。

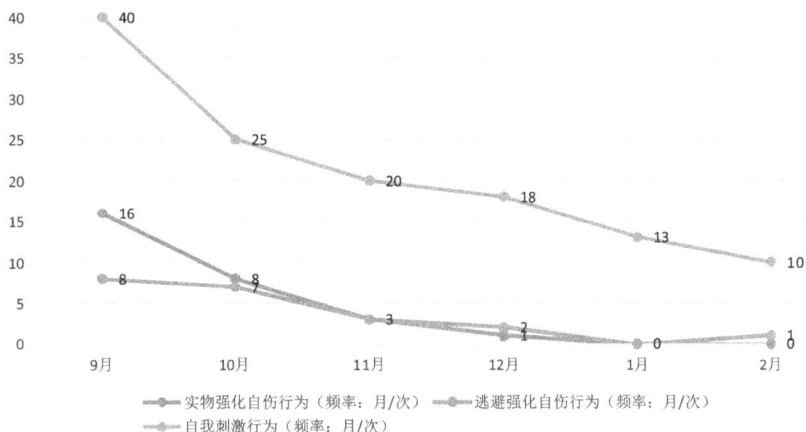

图 7-3 案主自伤行为频率记录图

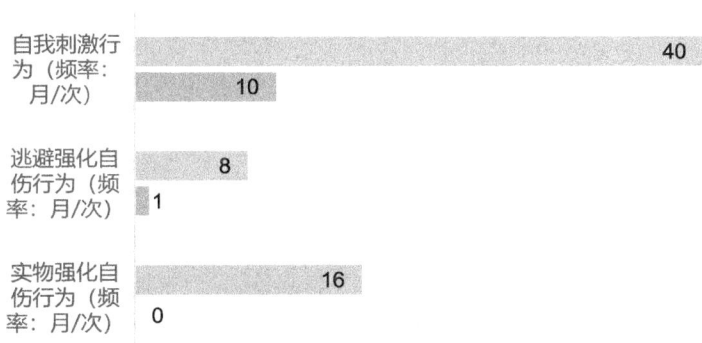

图 7-4 案主自伤行为前后测对比图

关于对案主所处环境改善的目标,已基本达成。根据案主母亲(ZAL)的反馈,案主父亲较少呵斥或体罚案主,案主的居家日常活动也得到丰富;机构的康复任务,亦做适度简化,匹配案主的能力与兴趣;案主的机构人际关系得到有效改善。

四、总结与专业反思

(一)总 结

通过对本研究目标达成情况及效果评估来看,心理社会治疗模式对孤独症儿童自伤行为问题的介入取得了较好的介入成效,体现在:其一,对孤独症儿童自伤行为问题的关注较为全面,孤独症儿童自伤行为受家庭环境、康复环境、社交场景、个人成长经历等多主体、多环境的影响,运用心理社会治疗模式的"人在情境中"的理念,将个体问题置于社会环境中去分析和考量,有助于案主对问题的全面认识;其二,能满足孤独症儿童的个性化需求,本案是在心理社会治疗模式指导下开展个案工作,从案主自身情况和需求出发,运用相关专业技巧,其中鼓励、支持、建议、问题行为的直接介入、现实情况反思等技巧,在本研究中起到了十分重要的作用,使案主自身能力及所处环境都取得了较为显著的介入成效。

(二)专业反思

1.社会工作专业价值与伦理的反思

在本案孤独症儿童的问题行为干预中,社会工作者本身所具备的专业背景,并不足以应对;因此,在具备专业背景的康复教师处获得了较多支持,但机构环境和康复语境(规则约束、技能传授)也在一定程度上冲击了社会工作者本身的价值观——平等、尊重、接纳,会让研究者在尊重接纳案主与规训约束案主之间摇摆。

此外,该行为的介入涉及多方康复主体,而研究者在实务介入过程中常迷惑于康复服务,应该以谁的需求为主?机构康复教师 ZH,认为应以孤独症儿童本身的需求为主;机构负责人 ZDL 则在面对不同的学员和不同的学员监护人时,采取不一致的需求指向,有时是依据个别化康复教育计划的评估结果(案主本身需求），有时是依据家庭监护人的要求。其中涉及康复客体——孤独症儿童，康复主体——康复教师、学员监护人、机构负责人、社会工作者，而社会工作者在其中的话语权和功能角色往往处于被动一端，因此，如何在此种境况下，找准社会工作者的定位，显得十分必要。

2. 社会工作者角色的反思

社会工作者的角色定位及话语权的获得，是在研究者对该机构运营及对外宣传内容的进行优化，得到机构负责人肯定后，其予以了研究者较多自主权。研究者也在此过程中，以局外人的视角分析问题，通过价值中立的视角，收集资料，获取事实信息，达到对问题的全面认识后，再以社会工作者的身份，补充机构负责人局内人视角忽视的问题、机构康复教师因其事务冗杂不能完成的任务。由此，研究者通过功能补充的定位，在该机构中获得了一定的话语权；关于孤独症儿童康复需求指向性的问题，也应遵循"普适方法，灵活运用"的原则，既要结合康复客体自身的特殊性，也要结合康复客体家庭可提供的时间和资源的支持。

3. 理论视角的介入功能较为局限

心理社会治疗模式带有较为浓厚的治疗意味，而在特殊教育领域、行为治疗领域，孤独症人群与其介入人员之间都处于一种被介入、被治疗的被动状态。而孤独症人群是一个沟通与社会交往能力有限的群体，其从幼时的感统训练，到年长时的技能康复、职业康复，都遵循着一个潜在的规则——指令的服从，他们的行为被视为"异常"，却少有人去理解他们异常行为背后的需求与渴望；而其与生俱来的功能障碍，似乎为其"听话"的境遇，提供了有力的支撑。这种整体环境的"压制"倾向，并不利于孤独症患者在其漫长的康复过程中，获得安全感和对自身的掌控感，若只是一味地"听话"，其需求及意愿表达能力的发展，则会受到限制。在"压制"视域下，即使是价值中立的研究者，也会在环境的潜移默化中"被压制化"，即康复环境对社会工作者的压制，继而影响社会工作者对服务对象提供的服务，甚至潜移默化地认同该机构对服务对象的障碍与困境的观点。

因此，孤独症儿童及其自伤行为问题的介入，需要扭转传统的治疗视角——

支配与服从，强调环境对人单向的压制和规训，双方关系的平衡，应从案主的境遇出发，理解案主的世界、行为和需求，遵循社会工作的根本价值观——平等、尊重、价值中立，以及在实务介入中不断对自身和环境进行监控和反思，从而有利于对案主问题的理解和解决。

第八章　心智障碍青少年家庭社会支持的小组工作实践

一、小组工作实践研究设计

（一）研究对象

本研究的研究对象是来自 M 机构的六名孤独症青少年的照顾者，研究者在 W 市 M 机构调研期间，通过方便抽样的原则选取了 6 名照顾者。这 6 个家庭的居住地来自 W 市不同的区域，他们所属区域的区政府出台政策，在满足年龄和户籍要求等条件下（年龄为 15~20 岁，拥有本区的户籍），其中的大龄孤独症人群可以享受"大龄孤独症居家生活技能及社区融合康复训练项目"补贴（每人每年一万元），并设置了相应的定点机构，M 机构是 W 市第一个获得大龄定点机构资质的机构。政策补贴在一定程度上减轻了这些家庭的经济压力。

研究者选取的初衷是研究者在调研过程中发现：近年来政府和社会各界逐渐重视孤独症青少年的早期诊断和康复，但孤独症孩子身后的家庭支持匮乏，中华民族"家本位"的传统和"不给政府添麻烦"的观念让家庭照顾者们"苦在心里口难开"，面对数量庞大且每年递增的孤独症群体，政府补贴也难以全面覆盖，面对如此困境，如何打破僵局是作为一名社会工作者需要思考的问题。基于这样的背景，研究者选取了 6 名孤独症青少年的家庭照顾者，分别是大龄孤独症 LFL 的奶奶，小龄孤独症 YWH 的奶奶，大龄孤独症 YXA 的妈妈，大龄孤独症 ZZJ 的妈妈，小龄孤独症 LMX 的妈妈，大龄孤独症 WZW 的妈妈。

研究者在调研期间与家庭照顾者们的深入交流，综合考虑家庭照顾者们的参与意愿和小组目标，最终通过方便抽样选择了这 6 位具有较强参与意愿且渴望获得家庭支持的家庭照顾者们作为研究对象，组成小组。（为了方便统计，后文研究者会以孩子名字的简称指代家庭照顾者）

表 8-1　研究对象基本情况

姓名	关系	职业	照顾者年龄	家庭支持情况
LFL	祖孙	无	62	家庭条件一般，以奶奶照顾为主，家庭支持来源单一，不享受补贴
YWH	祖孙	无	48	家庭条件一般，由爷爷奶奶共同照顾，享受所在地的项目补贴
YXA	母子	个体户	46	家庭条件一般，由父母共同照顾，目前不享受补贴
ZZJ	母子	民办非机构法人	45	家庭条件较好，父母是机构负责人，由父母共同照顾，不享受补贴
LMX	母子	无	36	家庭条件较好，以母亲照顾为主，享受所在地的项目补贴
WZW	母子	销售	39	家庭条件一般，以母亲照顾为主，不享受补贴

（二）研究方法

本研究主要采用定性研究方法，深入研究小组工作介入孤独症青少年的家庭照顾者的可行性和效果，以期提升这些家庭照顾者的家庭支持实务成效。

1. 资料收集方法

本研究主要运用参与式观察、问卷调查等资料收集方法；在实务过程中综合使用两种方法。

（1）参与式观察法

观察的内容主要包括：研究对象参与小组活动前的状态和表现（情绪状态、精神面貌）、研究对象在小组活动中的表现（发言的主动性，活动专注度，参与的积极性），研究对象在参与小组活动后的状态和表现（情绪状态、精神面貌）。

（2）问卷调查法

调查问卷主要在干预前期（第一次小组活动后）和干预后期（第六次小组

活动后）进行发放，通过研究对象填写研究者自制的《W 市 M 机构孤独症家庭支持调查问卷》（参考了袁静等人修订的《孤独症儿童家庭社会支持量表中文简体版》[1]）进行前测和后测，通过前测了解服务对象在家庭支持方面的实际需要和困境后，有针对性地设计家庭支持服务方案。在小组服务结束后，结合后测的调查数据和小组服务开展过程中的研究者的实际观察情况进行对比分析和评估。

2. 资料分析方法

研究者在前两期活动中通过影像发声法让小组参与者围绕家庭照顾者小组的议题阐明需求和困境，提炼出共性的需求和困境。并通过对活动前期和后期收集的问卷进行对比分析：将前期和后期的问卷结果中的共性需求和困境的完成情况进行综合分析，并结合小组活动开展过程中社工的观察记录，分析六期活动对孤独症青少年家庭照顾者的家庭支持在信息支持、情绪支持和倡导支持等三方面的提升成效，最后得到研究结论。

（三）理论基础

研究者通过梳理现有研究中学者们对家庭支持的划分，主要从内容和形式两方面进行划分。李永鑫等人提出家庭支持由组织支持、领导支持、情绪支持和工具性支持[2]。陈仁兴认为家庭支持政策工具包括经济支持、时间支持、服务支持和权利支持[3]。马宁等人将家庭支持划分为情感支持、实质支持和倡导支持，其中倡导支持包括了对个体发展和成长的支持[4]。 Hoagwood et al. 指出家庭支持有五个显著组成部分：信息、教学、情感、工具和倡导[5]。结合家庭支持小组成员们在"影像发声法"活动中提出的共性要求和研究者在机构观察记录的实

[1] 袁静，廖令秋，白晓宇，等. 孤独症儿童家庭社会支持量表中文简体版修订研究 [J]. 教育理论与实践，2021，41(26)：26-29.

[2] 李永鑫，赵娜. 工作—家庭支持的结构与测量及其调节作用 [J]. 心理学报，2009(9)：12.

[3] 陈仁兴. "后小康"时代残障儿童家庭社会支持的国外经验与本土政策构建 [J]. 学习与实践，2023，(01)：102-113.

[4] 马宁，李芳. 高中生家庭支持与学业倦怠的关系：一个序贯中介模型 [J]. 心理发展与教育，2016(8)：423-431.

[5] Hoagwood K E , Cavaleri M A , Olin S S ,et al.Family support in children's mental health: a review and synthesis.[J].*Clinical Child and Family Psychology Review*, 2010, 13(1):1-45.

际情况，最终选择重点研究信息支持、情绪支持和倡导支持这三种支持作为研究指标，并以此构建"家庭支持理论"框架。

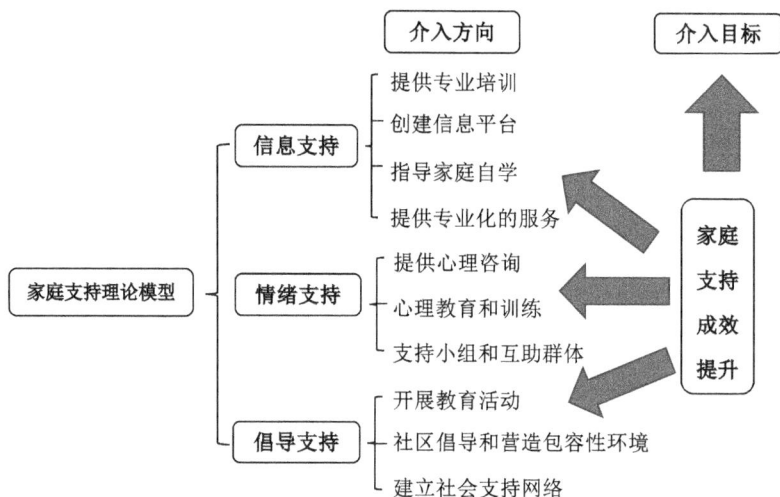

图 8-1　家庭支持理论模型

二、需求评估和方案设计

首先，通过两期影像发声法调研家庭互助小组的 6 户孤独症家庭的家庭支持基本情况和需求，聚焦这些家庭的主要需求和困境，找到 6 户家庭的共性困境和需求。

其次，对小组内的 6 个孤独症家庭分两次发放《W 市 M 机构孤独症家庭支持问卷调查》，以了解小组内 6 组孤独症家庭支持的需求和困境状况，共发放 12 份调查问卷，共回收 12 份有效问卷。综上所述，本章研究者将结合问卷调查法和参与式观察法等方法着重了解孤独症青少年家庭的现状，并在家庭支持理论下分析孤独症家庭面临的困境。小组活动的服务时长为 45 天，为 6 个孤独症家庭开展了 6 期服务。

（一）困境分析

由于孤独症青少年病理的特殊性，孤独症青少年多数不具备独自生活的能力，终身需要监护人看护和照料，其监护人多为包括父母在内的家庭成员，父母和家庭成员为孤独症青少年提供长期陪伴和照料，家庭也是其融入社会的初级场所。家庭环境是干预措施的重要目标，不仅可以减轻家庭压力，还可以改善患有 ASD 的儿童，青少年或成人的行为功能。但目前来看，我国政府对孤独症家庭提供支持的对象主要为孤独症青少年，以发放项目补贴和设置残疾人就业岗位的形式提供支持，而忽视了对这些家庭照顾者的支持。对于这些家庭来说，照顾者仍处于压抑和相对孤立的状态中，亟须得到关注。研究者在前两次小组活动中，通过影像发声法进行困境和需求调研，经过小组共同讨论，最终确定了照顾者共同面临的困境。研究者将从情绪支持、信息支持和倡导支持三方面对孤独症青少年的家庭支持困境展开分析。

1. 情绪问题应对能力不足

情绪支持是指对服务对象提供包括情绪认知、情绪管理和情绪接纳等方面的支持服务。经过前期的调研，服务对象在情绪支持方面存在如下困境：

首先，家庭照顾者缺乏应对孤独症子女情绪问题的能力。孤独症青少年缺乏正常表达情绪的方式和途径，他们通常在表达自己的感受和需求方面存在语言缺失或语言障碍，难以通过语言表达自我和情绪变化，需要家庭照顾者通过他们的肢体动作和日常相处经验理解他们的感受和需求。因此家庭照顾者（比如父母和兄弟姐妹）需要学会倾听和理解孩子的情绪，提供情感上的支持。这需要家庭成员用耐心和生活经验去进行解读，而当家庭照顾者对患有孤独症的子女缺乏耐心和正确的应对方法时，可能会失去子女实现情况好转的机会。

其次，照顾者自身易产生过度的自我牺牲和过度的情绪表达。当照顾者表达过度的自我牺牲或过度保护情绪时，就会发生情绪过度参与，即以孩子为人生的全部，完全失去了自己的生活空间；家庭照顾者自身也存在情绪需要，需要情绪表达和获得情绪价值的认可。在无法得到孩子或其他家庭成员情感回应时，容易对自身的情绪产生负面的影响，基于这样的前提家庭成员可能会对孩子的行为问题产生批评的语言或行为，而家庭成员的负面言语和行为会对孩子产生负面影响。减少批评的频率或保持低频率的批评，增加父母的表扬频率可以防止孩子的行为问题和孤独症症状的升级。

最后，缺乏相关的培训和教育。国内对于孤独症的普及和治疗起步较晚，这一病症仅在特殊教育和残障人群里为人熟知，至今社会大众对孤独症的认知仍处于较低水平，国内多为对孤独症青少年康复的从业人员的培训，缺乏对家庭照顾者的专业知识培训，家庭照顾者只能通过参与孤独症领域的相关会议或学术讲座去获取零散化而非体系化的知识。由于缺乏专业知识和技能，家庭成员在情绪上可能感到无助和焦虑，他们需要接受相关的培训和教育，以便更好地应对情绪支持方面的困境。

2.信息获取渠道不畅

信息支持是指为帮助服务对象获取所需的信息而提供的支持或帮助，包括提供信息资源、指导信息获取的方法、解答疑问或提供信息技术支持等。家庭成员需要获得科学准确的信息，以便更好地了解孤独症，并采取适当的措施帮助自己的孩子进行康复治疗和发展。

第一，照顾者缺乏信息获取和沟通渠道，对主动信息交流抱有消极态度。一方面，由于孤独症这一病症的复杂性，医学界目前没有实现孤独症治愈的有效药物和疗法，孤独症家庭也缺乏专业人士的指导，以了解有关孤独症的最新信息和最佳实践，他们也难以找到可靠的信息来源来获得关于治疗、教育和支持的建议。另一方面，受中国的"家本位"思想和"家丑不外扬"的文化背景影响，多数孤独症家庭不愿意与家庭以外的人沟通交流孩子的病情，这造成了孤独症家庭信息的封闭性。

第二，信息的不一致性。关于孤独症的信息可能来源于各种渠道，如医疗机构、学校、社会媒体等。然而，这些信息可能存在差异，甚至相互矛盾，使家庭不确定如何决策和行动 [1]。目前，孤独症家庭可获得信息的渠道如下：从熟识的其他孤独症家庭获得相关信息，孤独症家庭成员可以通过参与心智障碍人士康复机构的培训课程和支持活动来获得更多信息。同时，社区和社会应该提供可靠的信息渠道，例如，网站、宣传册和社交媒体等，以分享有关孤独症的知识和资源。但目前的社区和社会没有完全承担起为残疾人提供政策和渠道的义务，孤独症青少年家庭仍处于相对孤立和封闭的状态。

第三，社会孤立和缺乏支持网络。由于社会对孤独症的偏见和错误认知，

---

[1] Brown N, O'Sullivan D & Brady N. Autism spectrum disorder (ASD) and the family: a qualitative synthesis of parental experiences of diagnosis and post-diagnostic support[J]. *Research in Autism Spectrum Disorders*, 2019(05):57-70.

多数人对孤独症群体多持远离或轻视的态度，孤独症青少年及其家庭常常面临社会孤立和支持网络的缺失。他们处于孤独和无助的境遇，缺乏与其他家庭分享经验和获取支持的机会。

3. 倡导意识与能力不强

倡导支持是指为服务对象及其家庭争取权益、获取资源和服务的过程。倡导支持需要多方主体共同参与，家庭成员、社区、政府和社会等主体都需要在保障孤独症青少年的权益和服务方面发挥积极的作用。但实际上，孤独症青少年的家庭在倡导方面处于不了解、不相信和不看好的状态。研究者主要从个人、组织和社会层面进行阐述。

在个人层面，家庭成员缺乏关于对倡导策略和技巧的认知，这限制了他们通过倡导发声为孩子争取权益。家庭照顾者可能面临着自我怀疑、不确定性和情绪压力，这些都会影响他们的倡导能力[1]。此外，许多家庭照顾者可能不熟悉相关的法律、政策和资源，他们并不知道如何寻求支持和帮助[2]。

在组织层面，家庭可能难以获得足够的组织资源和服务。因为学校、医疗机构和相关服务机构的准公共性，资源和经济实力不足的家庭可能无法获得教育和医疗资源。在教育领域，家庭照顾者可能需要与学校争取个性化的教育计划和支持服务，但这可能需要耗费大量的时间和精力[3]。在医疗领域，照顾者可能难以承担医院的康复治疗费用。此外，一些社区和组织可能缺乏对孤独症的充分了解，导致他们无法提供及时的支持[4]。

在社会层面，孤独症青少年家庭可能面临着公众意识和社会包容性的挑战。孤独症仍然被许多人误解和歧视，导致家庭遭受社会隔离和排斥。为了解决这

[1] Hillier A, Campbell H, Mastriani K, Izzo M V, Kool-Tucker A, Cherry L, ... & Chin A. A web-based virtual campus tour project using culturally responsive methodologies for individuals with disabilities[J]. *Journal of Physical Education, Recreation & Dance*, 2007(07):43-50.

[2] Friedman C S. Advocacy for individuals with autism spectrum disorder[J]. *Current Opinion in Psychiatry*, 2019 (02):108-112.

[3] Chiang H M, Cheung Y K & Hickson L. Autism spectrum disorder in children and adolescents:etiology, assessment, and treatment[J]. *Springer Science & Business Media.*, 2018(08):1-9.

[4] Harrington J, Noble L M & Tummons J. Supporting families with young children with autism spectrum disorders in accessing community resources[J]. *Children and Youth Services Review*, 2018(05):78-85.

个问题，政府需要加强对孤独症的教育和宣传，促进公众对于孤独症的理解和接纳。同时，相关政策的制定和实施也是关键，以确保患孤独症的青少年及其家庭得到公平的机会和支持[1]。

综上所述，孤独症青少年家庭在情绪支持、倡导支持和信息支持等方面面临诸多困境。本文探讨的重点是以家庭成员为主体，试图通过家庭支持小组，通过实务介入和社工和组员之间的小组互助，来最终实现孤独症青少年的家庭支持提升。

（二）需求评估

在社会工作介入孤独症青少年家庭支持服务的实践过程中，小组服务目标的设立建立在需求评估的基础上，需求评估工作需要针对孤独症青少年家庭中存在的实际困境，对信息支持、情绪支持和倡导支持等方面的实际需求进行深入调研和分析。在需求评估阶段，研究者采取影像发声法和调查问卷法，以构建实务工作实施目标，深入了解孤独症青少年家庭支持中可能存在的需求与困境，并在实务介入工作中采取针对性的解决措施。最终聚焦如下需求：

1. 开展情绪管理和接纳实践

照顾者们希望社会工作者可以设计情绪管理和接纳的一些活动，通过学习管理自身情绪的知识和实践，能够逐渐接纳和管理自己的情绪；同时通过学习孤独症青少年的情绪应对知识和其他人的成功经验，掌握科学的情绪释放和应对方法，用课程所学帮助孤独症子女和家庭，提升情绪管理和应对能力，与孩子共同走好康复之路，同时尝试不再以子女为生活的全部，拥有自己的生活和闲暇时光。

2. 开设康复信息和技巧培训课程

照顾者希望特殊教育学校和康复机构可以针对孤独症孩子的家庭照顾者开设课程，教授孤独症孩子的康复知识和技巧。特殊教育学校和康复机构的经验丰富性和教学相对专业性强，开设康复知识和技巧培训课程可以帮助照顾者实

---

[1] Kamga I A, Costa S, Esteve-Faubel J M & Foulloy L R. Theoretical model of autism stigma based on the perceptions of the social representation:a systematic literature review[J]. *Health Expectations*, 2019(06):1149-1165.

现康复陪伴能力的提升。

同时，学校和机构的信息渠道广泛，获取最新信息、知识和政策的速度快、范围广，因此，为孤独症照顾者开设专业技能和知识培训课程，搭建信息沟通桥梁，有助于扩展孤独症照顾者信息来源的渠道，提升其信息支持能力。

3. 开展倡导知识培训和实践

照顾者们希望能开展倡导知识培训和实践，学习和了解倡导主体和倡导方式，运用倡导方式为家庭争取权益和支持。其中，孤独症孩子未来养老和安置问题是家庭照顾者们最迫切的需求。目前 W 市现有的政府政策性的康复机构是阳光家园，由政府补贴，心智障碍人士可以在阳光家园免费进行康复和托养。但是由于其数量少、学生多，而机构师资力量有限，因此服务质量难以保证，未来的持续性运营也因缺少制度保障而具有不确定性。同时，距离阳光家园较远的家庭，孩子去机构往返途中存在安全风险和不便捷性，因此难以满足 W 市多数孤独症家庭的需要。

孤独症家庭照顾者出于对孤独症孩子的未来养老和安置问题的担忧，希望通过学习倡导知识，掌握倡导技巧，了解倡导主体，能够向政府进行政策倡导，推动政府亟待加快出台相关政策，以保障孤独症青少年未来拥有安全稳定的养老和安置环境。

（三）方案设计

1. 服务介入的可行性分析

除了学校教育外，社会工作者还可以介入家庭教育，为青少年及其家庭提供帮助。社会工作者拥有专业的工作方法和理论知识，可以帮助孤独症青少年的家庭恢复家庭和社会职能，更好地适应家庭和社会生活，提升家庭支持服务效能，确保介入过程更加专业和有效。社会工作者运用专业的方法和技术支持，帮助孤独症青少年及其家庭摆脱家庭支持缺乏的困境和满足提升家庭支持的需求。对孤独症青少年的家庭支持的实践研究属于家庭社会工作实务的范畴，本研究中，社会工作者根据家庭支持理论，明确孤独症青少年家庭的困境和需求，在 MJ 康复教育机构与孤独症青少年家庭间建立联系，通过建立家庭互助小组实现组内互助，同时为孤独症患者家庭争取更多的社会资源和家庭支持。

2. 小组工作介入的目标和阶段

（1）介入目标

社会工作者通过组织成立孤独症家庭支持互助小组，旨在以组内互助和社工链接资源的方式，为组员及其家庭提供家庭支持和帮助，社工将从情绪支持、信息支持和倡导支持三个层面出发，帮助孤独症青少年家庭摆脱缺乏情绪支持、信息支持来源局限和倡导支持缺位的困境。在此基础上，通过与家庭互助小组的组员们共同商讨，结合孤独症家庭支持的实际情况，社会工作者最终确定小组工作介入目标，下面将详细阐述介入目标。

①总目标：通过为孤独症家庭提供信息支持、情绪支持和倡导支持，帮助他们更好地应对孤独症的挑战，减轻家庭成员的情绪压力、打通信息渠道和提高倡导支持成效，提高孤独症家庭的家庭支持水平。

②分目标：

第一，信息分享与交流：建立一个开放、包容的互助小组平台，促进孤独症家庭之间的信息分享和交流。通过孤独症家庭支持小组活动的形式，鼓励家庭照顾者之间互相倾诉、分享经验和资源，共同解决共性问题。

第二，心理支持与情绪释放：提供情绪支持，帮助孤独症家庭成员应对压力和困惑。通过户外活动、组内影像发声法活动等方式，为家庭照顾者和孩子提供情绪表达的空间和机会，并引导他们寻找积极的应对机制。此外，可定期进行家庭照顾者技能培训，帮助他们提升情绪管理和应对能力。

第三，倡导权益与资源：作为社会工作者，争取孤独症青少年家庭的合法权益，促进社会各界重视和关注。通过主体活动、政策倡导和网络宣传，提高公众对孤独症的认知度，争取更多的治疗资源和教育支持。

以上目标的设立旨在综合提供社会支持，全面提升孤独症青少年家庭的支持能力，一定程度上解决孤独症家庭的社会支持困境，改善其社会支持现状。这将有助于为孤独症家庭增能，提升孤独症家庭的知识和技能体系建设，拓宽信息渠道来源，减轻家庭成员的心理和情绪压力，更好地应对孤独症的挑战，最终提高孤独症家庭孩子的康复质量和家庭成员的生活质量。

（2）介入阶段

本次介入主要分为三个阶段，分别是开始阶段、发展阶段和结束阶段。

第一阶段为开始阶段（第1~2期活动），由于小组活动中会用到影像发声法和小组工作法，第一次接触此类活动的组员会对专业词汇和小组方法较为陌生。因此在小组活动开始前，社工需要对小组组员进行提前培训。同时本案例的服务对象为孤独症青少年的家庭，他们作为社会弱势群体，对初次接触的社工存在防备心理，因此需要正式介入前的准备阶段作为缓冲，社工需要与之初步建立信任关系，确保活动能够正常进行。

第二阶段为发展阶段（第3~4期活动），通过小组共同讨论，聚焦出家庭支持小组中的孤独症家庭的主要需求和困境，鼓励组员以照片分享为切入点进行倡导发声，引导组员思考面临困境时孩子和家庭成员的情绪状态、目前已有的信息渠道和倡导途径现状，通过组内组员互助，鼓励组员结合过往经验，共同探讨可借鉴的解决方法。

聚焦于情绪支持和信息支持层面，通过组员间的缓解情绪方法和信息渠道共享，社工对其他方法和渠道进行补充，共同探讨可借鉴的解决方法。在发展阶段，小组活动将重点关注情绪支持和信息支持层面。通过情绪支持，旨在帮助孤独症家庭成员应对压力和负面情绪，提升他们的情绪管理和应对能力。同时，通过信息支持，旨在提供相关知识和资源，帮助家庭照顾者更好地了解孤独症特点、治疗方法和教育资源等，促进他们在孩子成长过程中做出更明智的决策。

第三阶段为结束阶段（第5~6期活动）。聚焦于倡导支持层面，社工引导组员对自己已有的倡导支持进行讨论，聚焦面临的倡导困境和亟待解决的需求，找到共性的困境和需求，通过组员的过往经验和智慧进行初步解决，无法解决的由社工介入进行资源链接和寻求社会提供。在结束阶段，小组活动将聚焦于倡导支持层面，旨在促进孤独症青少年家庭的权益保障和资源获取。社工将与家庭照顾者们一起思考如何改善现有的政策和服务体系，提高社会对孤独症家庭的关注度和支持力度。

社工与组员合作，共同思考如何改善现有政策和服务，提高社会对孤独症家庭的支持度和关注度，并通过倡导活动争取更多资源和帮助。具体服务计划如表8-2所示。

表8-2　家庭支持小组活动计划表

介入指标	小组主题	小组目标
情绪支持	第一节活动： 1. "我眼中的宝贝"故事讲述 2. 影像发声法的技巧与运用	1. 建立小组信任 2. 了解家庭支持的内涵 3. 了解和运用影像发声法进行发声
信息支持	第二节活动： 1. "与星星的温馨时光"故事讲述 2. 影像发声法的运用和家庭支持需求的调研	1. 建立小组契约 2. 调研照顾者们的家庭支持需求
信息支持	第三节活动： 1. "这些信息你知道吗" 2. 户外健康走 3. 信息交流和分享	1. 为照顾者提供信息支持 2. 帮助组员释放和接纳自己的情绪
情绪支持	第四节活动： 1. "如何管理我们的情绪"案例分享 2. 情绪支持：共同观影	1. 为照顾者提供情绪支持 2. 提升照顾者的情绪管理能力
倡导支持	第五节活动： 1. "手写一封倡议信" 2. 小组讨论出具体倡议——递交给社区	1. 为照顾者赋能，提升照顾者的自信 2. 进行社区、政府的倡导
倡导支持	第六节活动： 1. "倡议座谈会" 2. 小组讨论出具体倡议——递交给区残联	1. 通过政策倡导提升家庭照顾者的倡导能力 2. 推动孤独症相关政策的出台和家庭照顾者处境的改善

三、小组工作介入的实践过程

（一）开始阶段：认知和释放情绪

1. 小组活动流程

小组活动的开始阶段，孤独症的家庭照顾者们成立家庭支持小组，尝试与其他的小组成员建立初步的关系，他们对于与他们有相同背景的群体抱有亲切感，既渴望接近但又会有顾虑。这就需要社会工作者先进行自我介绍，尽快缓解组员的不适应情绪，并向组员阐述小组内容、小组规范和小组目标等，帮助组员尽快了解家庭支持小组和适应自己的组内角色。

表 8-3　第一节小组活动：我眼中的宝贝

内容	目标	时间	物资
社工开场	介绍小组目标、活动内容，建立专业关系	5 分钟	
组员破冰	组员和社工之间初步建立了信任关系	5 分钟	
填写前测问卷	问卷调查前期结果	15 分钟	调查问卷
字条诉说小烦恼	帮助组员初步明确目前的家庭支持困境和需求	20 分钟	白纸、黑笔
情绪支持认知和知识	提升组员对家庭支持中情绪支持的了解和认知	25 分钟	白纸、黑笔
影像发声法的认知故事分享	组员了解影像发声法，通过影像发声法故事分享初步进行发声	60 分钟	小礼品
讨论并建立小组契约	确定小组规范，增强小组规则意识	10 分钟	白纸、水笔
活动总结	对活动内容进行总结	5 分钟	

2. 小组过程分析

在自我介绍环节，与社工预期的不同，大家都真诚地主动地介绍自己的情况，组员彼此间的距离也得以拉近。为了进一步了解组员目前存在的家庭支持困境和需求，社会工作者指导组员填写了《W 市 M 机构家庭支持需求调查问卷》，并以此作为前测数据用于小组结束后的结果评估。

其次社会工作者通过组织影像发声法和情绪支持的知识培训，有助于组员们相互了解、熟悉运用影像发声法进行倡导、了解情绪支持的内涵，激发他们参与情绪支持倡导活动的热情。研究者提前准备好两种字条，两种字条分别写有"今日小烦恼"和"今日小骄傲"标题，"今日小烦恼"填写的是孩子近期让组员感到烦恼的几件小事，"今日小骄傲"则是近期孩子让家庭照顾者感到骄傲的几件小事，然后请每位组员轮流介绍自己填写的内容（每人限时 5 分钟）。组员通过这种方式会对自己的情绪支持困境和需求有一个初步的认知，从发言到倾听，每位组员都很投入。LMX 首先分享了她面临的情绪支持困境，获得了其他组员的建议。

LMX："我们家的孩子最近学'皮'了，以前叫他做什么，他还挺听话，最近他养成了依赖的习惯，一定要有人和他一起做，不然他就会变得很暴躁。"

其他组员也都畅所欲言，提出自己的烦恼和为其他组员分享成功经验。社会工作者及时引导过于投入而偏离话题的组员聚焦于情绪感受上，鼓励只谈论孩子的情绪问题、组员回忆和分享自己的情绪感受。在这个过程中，组员增进了关系，对自身存在的情绪支持困境和需求有了初步的了解和认知。

影像发声法作为一个不受限于文化背景和差异的方法，能够推动使用者倡导发声，以解决社会问题。在影像发声法主题故事分享环节，组员被要求提前以"我眼里的宝贝"为主题拍摄一张照片，分享拍摄的原因、拍摄时所想和情绪状态等。在社工对组员进行影像发声法的运用流程培训后，组员都在围绕照片讲述自己眼中的孩子，认真聆听其他人的分享，在此过程中进行情绪表达，获取其他组员的情绪支持，为其他组员或孩子的情绪问题给出自己的建议，小组气氛融洽。本环节拉近了组员之间的距离，不仅提升了组员们对小组的归属感，他们彼此间也初步建立了信任关系。

3.活动总结阶段

第一节活动的开展比较顺利，社会工作者始终围绕小组的目标，通过影像发声法进行情绪和需求的表达，在组员偏离小组目标时及时将话题转移，故事分享结束后，每位组员都对自己和孩子的情绪支持存在的困境和需求有了更清醒的认知，也能积极主动地帮助其他组员寻找解决方案。但在本节小组活动中，有部分组员经常看手机，没有完全投入到小组活动中，需要社工进行引导和提醒。

（二）开始阶段：畅通内部信息渠道

1.小组活动流程

通过第一节的小组活动，组员之间建立了联系，增进了熟悉度。后面社会工作者需要进一步调动组员积极性，在组员间形成能够相互接纳和相互包容的氛围。第二节小组活动具体内容和目标详见表8-4。

表8-4　第二节小组活动："与星星的温馨时光"

内容	目标	时间	物资
回顾上节内容	巩固上节所学，促使活动有效开展	5分钟	PPT
社工开场	社工说明本次活动主题、目标和流程	10分钟	播放欢快音乐

续　表

内容	目标	时间	物资
制定小组契约	提高组员参与意识和积极性，树立小组规范意识	15 分钟	白纸、黑笔
影像发声："我和宝贝的温馨时光"的故事分享	调研照顾者们的家庭支持需求 信息的沟通与分享，提升信息支持	60 分钟	照片、PPT
活动总结	对活动内容进行总结	10 分钟	

2.小组过程分析

第二节小组活动中，首先，社会工作者与组员共同制定了小组契约，以促进组员参与意识和积极性的提高，树立小组规范意识。

在影像发声法故事分享环节，组员们以"我和星星的温馨时光"为主题进行亲子故事分享，有了第一次活动的经验，组员们能够熟练地运用影像发声法进行故事分享，在分享的过程中社工引导组员们将重点聚焦到与孩子相处时存在的一些矛盾和问题，分享当时的情绪状况是否存在问题。例如，YWH 分享孩子喜欢故意做出一些"非正常"的举动时，她的情绪会变得暴躁，动辄采用打骂的方式强势地阻止。

YWH："我家孩子以前挺懂事的。以前你要是引导他一下，他就能够坐下来耐心地写一面字，每天坚持写一面，但这两年长大些就不一样了，他很难长时间坐下来，更别提写字，给他笔他就在纸上乱画，或者是故意吸引你注意，他就觉得这样子很好玩。我和他爷爷有时候就会气得打他，想把他的坏习惯改掉。"

YWH 知道自己的方式不对，其他组员建议她多以鼓励或者忽视的方式，打骂的方式会让孩子认为这样做能引起你的注意，只会强化这些"非正常"行为。活动中社工引导以组员互助为主，社工主要进行讨论并聚焦在讲述和聆听的过程中与组员们进行信息的沟通和交流，调动了组员的积极性，增进了组员间的情感。

最后，签订小组契约阶段。社工与组员就组员的期望、保密规定、小组活动开展的时长以及小组过程中一些其他注意事项共同制定出小组规范。由组员们达成共识后的小组规范，能让组员更有参与感和积极性，对于规范组员之间的行为准则，约束组员消极行为有着重要作用。社会工作者和组员共同制定出小组契约后，组员们在社会工作者的指导下完成契约签订，研究者也再次强调了社会工作者和组员应履行的规范。

3.活动总结分析

本次活动开展之后，小组的凝聚力得到了提升，组员们通过对如何与孩子相处、照顾孩子、帮助孩子康复等信息的交流和分享，帮助有问题的家庭照顾者们解决问题，同时收获自己未掌握的信息和方法，通过组内组员间的互助拓宽组员的信息获取渠道，增进组员间的凝聚力，实现组员们的成长，小组目标基本完成。同时社会工作者应该注重及时引导组员对自身的教导方式和小组讨论过程所反映出的问题进行思考，引导组员总结如何科学照顾孤独症青少年的经验，组员也能更好地帮助孩子进行康复治疗。

（三）发展阶段：管理和接纳情绪

1.小组活动流程

经过前两节小组活动，团队成员们已经掌握了释放和管理情绪的方法，扩展了信息来源和获取的途径，并且加深了对自我的理解，形成了更为准确的自我认知。因此，许多成员在管理情绪和畅通信息渠道方面的能力得到了提升。为了进一步巩固学习成果，社会工作者设计了情绪管理的小组实践活动。这些活动旨在引导团队成员重新审视自我，帮助他们摆脱负面情绪的困扰，并教授他们有效的情绪释放和应对方法。小组活动具体内容和目标详见下表。

表8-5 第三节小组活动："这些信息你知道吗"

内容	目标	时间	物资
简要回顾上节内容	重温上节活动，加强记忆	5分钟	PPT
知识小课堂	与孤独症孩子相处、康复和教育的信息培训	15分钟	PPT、视频
案例讨论	实际理解和运用培训过的方法和技巧	40分钟	PPT
户外健康走	增加孩子与家长在户外的相处经验	60分钟	零食、水、志愿服、游戏道具
活动总结	组员讨论并分享感受	10分钟	

2. 小组过程分析

社会工作者和组员们首先一起回顾了上一节活动所学内容，讨论了目标完成情况后，研究者简单介绍了本小节的主题和目标。社工通过"知识小课堂"让组员了解孤独症康复领域最新的讲座和政策等相关信息资讯。在开展过程中，社工发现不同的组员们对相关领域的最新信息和资讯了解程度不同。善于学习的组员比其他组员掌握的信息更多，且始终处于积极主动的学习状态，相对不善于学习的组员对于相关资讯则处于被动接受的状态，在讨论中也较为被动。社工观察到这一情况后，对处于被动接受状态的组员及时采取措施进行干预，激励这些组员树立积极了解和学习相关信息的信心。同时，社工也发现部分组员积极地学习孤独症领域的康复知识及最新信息和政策，在生活中有时候也能很好地运用到孩子身上。

ZZJ："我家小区楼下有个秋千，我儿子就很喜欢坐在上面荡得高高的，他觉得那样很开心，但是我从网上了解到来回晃动这种动作会加剧他的癫痫，所以我和他爸爸就减少甚至不让他玩秋千。"

YXA："我家儿子每天会给我分享他在机构里当天干了什么，老师奖励了几面红旗。我知道他也需要家长的鼓励，就会借机会夸奖他真棒，他也就很愿意继续向我分享他每天的日常，我就很希望他每天能这样开开心心的。"

其次，在"户外健康走"环节，家庭照顾者与孩子一起享受户外的亲子时光，在户外健康走的过程中，在进行团体小游戏时，邀请了在公园的其他小朋友共同参与，所有的小朋友都玩得很开心，我们的孩子顺利而自然地实现了短暂的社会融入。

在最后环节，社工邀请组员总结分享本次活动的收获和仍存在的困惑，约定放在下次活动时进行共同讨论。组员们也对本次户外活动给予了较高的评价，组员们也都表示这种集体出游的机会不多，看到即使是在户外不熟悉的环境中，孩子也能在集体中由志愿者和老师们陪同一起游玩很愉快且难得，他们很珍惜与孩子的集体活动，希望之后也能有机会参与类似的活动。第三节活动主要目标基本完成，但组员们积极主动学习和了解孤独症领域的相关知识这一转变不是一蹴而就的，需要多次活动的促进来帮助组员培养主动学习的意识和习惯。因此研究者建议在以后的活动中可以给予组员更多鼓励和支持，强化组员主动学习的习惯和意识。

3.活动总结分析

本次活动开展后，组员们学习孤独症领域的知识和信息的主动性得到了提升，"户外健康走"也让组员们看到了自己的孩子未来实现社会融入的可能性，增进了组员与孩子之间的感情，增强了组员陪伴孩子坚持康复的信心和勇气，组员间的关系也变得更为紧密。孤独症孩子的康复之路艰难且漫长，社工在之后的活动可以给予组员们更多的精神支持，帮助组员坚强地走下去。

（四）发展阶段：扩展外部信息来源

1.小组活动流程

本小节的活动目标是为组员提供情绪支持，帮助组员学会释放和管理情绪。通过前几节的小组活动，组员之间建立了联系，通过共同讨论、解决问题和相互分享经验，增进了彼此的熟悉度，建立了更深的信任关系，组员间相互接纳、相互包容的氛围基本形成。第四节小组活动具体内容和目标详见下表。

表 8-6　第四节小组活动："如何管理我们的情绪"

内容	目标	时间	物资
简要回顾上节内容	重温上节活动	5 分钟	PPT
情绪管理视频课堂	学习管理和释放情绪的办法，接纳自己的好情绪和坏情绪	30 分钟	视频、纸、笔
轻松观影时光	学习科学管理情绪方法，学会方法的实际运用	40 分钟	电影、纸、笔
主题讨论会	巩固和强化课堂知识，学会运用到实际生活中	30 分钟	
活动总结	对活动内容进行总结	10 分钟	

2.小组过程分析

在本次活动中，社工首先与组员一同回顾了上次活动的内容，共同解决了上期活动未解决的困惑。本次活动开始后，社工首先和组员明确了本次活动的目标和主要内容后，社工通过播放曾仕强教授的关于管理和释放情绪的相关视频，组员通过观看视频学习管理和释放情绪的方法，尝试接纳自己负面情绪，认识情绪产生的机制，了解情绪没有好坏之分，适当地释放情绪和管理好情绪能够帮助自身稳定情绪，缓解心理压力，从而营造和谐融洽的家庭氛围和家庭康复环境。

随后社工播放了电影《海洋天堂》中父亲教儿子生活技能的一个片段，片段主要讲述了身患重病的父亲，希望在去世前能够教会自己患有孤独症的儿子独自生存的本领，在教授过程中社工引导组员重点关注父子俩出现的情绪问题和行为，并进行进一步思考其出现的原因。组员们观看结束后，结合自身的实际情况，讨论对这些情绪行为的看法。组员们反映看电影后感受到了共鸣，在陪伴孩子康复的过程中自己和孩子都会出现负面情绪，有时候会感觉孤立无援，情绪难以释放和倾诉。有组员分享了自己和孩子情绪的转变过程的亲身经历，说到动情处她忍不住哭了出来，其他组员也都鼓励和安慰她的不容易。

LMX："我的孩子胆子比较小，刚开始上课的时候，他没办法安静地坐在座位上，会向其他人吐口水或者用躺在地上打滚的方式表达抗拒，老师拉他时他就会对老师又抓又咬，我对此伤透了脑筋。后来来到这个机构，烘焙班的老师耐心地牵着他上课，比他大的哥哥姐姐也会照顾他，我也会积极地从网上学习和了解改善情绪的方法，不再对他那么严苛了，慢慢地，他和我的情绪都变得越来越好，他也能和其他的孩子一样坐在班级里上课了。"

在看完电影《海洋天堂》后，社工就片段中父亲和儿子各自出现的情绪行为，邀请组员结合自己的实际生活展开讨论，谈谈自己的看法。组员们积极主动地发言，谈到看到电影里父亲和他患病的儿子的相处时，有时候感同身受，自己也经历过某些情节。

YXA："几年前我就开始教儿子扫地、拖地，在机构里老师让他拖地，在家里我也会经常让他拖地，慢慢地他就越拖越好。"

WZW："我教会孩子坐地铁回家，一开始我会带着他坐，然后告诉他怎么进出站，在哪站上、下车，后来我看着他，让他自己来，再到放手让他自己坐，我只目送他进站，这个过程我花了一年左右，现在我很放心让他自己上学和放学。"

教会这些生活技能对孩子和父母都不容易，但是利用孤独症孩子喜欢规律的生活的特点，在家里和学校日复一日地学习和重复，孩子们能渐渐掌握，并不断强化。最终这些技能将会帮助孩子在之后的岁月里能够独自生活下去。社工在组员们讲述过程中也及时给予鼓励，适当打断偏题的组员，引导组员围绕主题进行阐述。同时对情绪波动较大的组员给予鼓励和支持，组员们的情绪压力得到了释放。

活动的最后，社工们与组员们一起强化了本次活动所学，巩固了情绪支持的知识和技巧，让组员们在活动后也能将活动所学的释放和管理情绪方法运用到日常生活中，与孩子共同成长进步。

3.活动总结分析

在第四节小组活动结束之后，组员们释放和接纳负面情绪的能力有所提升，他们学会了正视自己的情绪，意识到情绪本身没有好坏，通过对情绪进行科学的管理和包容性的接纳，有助于组员们增强情绪管理能力，并在生活实践中进一步巩固。通过情绪管理，孤独症的照顾者们可以用更平和的心态照料孤独症青少年，在应对孤独症青少年的情绪问题上也能掌握科学的方法和技巧。

（五）结束阶段：唤醒倡导意识，倡导勇敢发声

1.小组活动流程

为了更好地帮助我们的孤独症孩子实现社会融入，研究者设计了"手写一封倡议信"环节，激发组员的倡导意识和倡导热情，向社会大众传播对残疾人的关爱以及尊重残疾人的意识，也满足组员日常出行和融入社会的需求。第五节小组活动具体内容和目标详见下表。

表8-7　第五节小组活动："手写一封倡议信"

内容	目标	时间	物资
简要回顾上节内容	重温上节活动	5分钟	PPT
纸杯蛋糕DIY	享受生活，放松情绪	40分钟	纸杯、烤箱、蛋糕坯、装饰材料
倡导支持小案例	培养倡导意识，学会如何倡导发声	60分钟	PPT
手写倡导信	向社区发出倡导，促进孩子的社区融入	30分钟	信纸、笔
活动总结	对活动内容进行总结	10分钟	

2. 小组过程分析

活动开始之初，研究者先带领组员们回顾了前四节的内容，并介绍了本次活动的内容，在前四次的活动后，组员们对改变现状和改善生活境遇充满信心。

首先进行的是"纸杯蛋糕DIY"环节，通过自己动手制作纸杯蛋糕来享受生活中的乐趣，拥有能够适当喘息的时间，在照顾孩子生活之余拥有属于自己的片刻闲暇时光。研究者注意到组员们在制作纸杯蛋糕中都充满笑容和期待，从制作纸杯蛋糕中组员们收获了快乐。

在"倡导支持小案例"环节，社工先介绍了倡导支持的内涵和作用，让组员认识和了解倡导支持，以及倡导支持能够帮助他们改变所处境遇，实现积极的改变。紧接着向组员展示有哪些倡导的成功案例，进一步帮助组员树立倡导信心，愿意进行倡导发声，为自己争取社区和社会支持。

本次活动的倡导对象主要是针对"社区"这一主体。社工向组员进一步明确我们的倡导对象可以是孩子康复的特殊学校、康复机构、社区居委会、片区的公交部门和地铁部门。这些部门是孩子们日常生活中打交道最多的，给他们写一封倡议信是一次可以将孤独症孩子和社区主体沟通连接起来的机会。在围绕社区在家庭支持方面的政策展开热烈的讨论后，社工引导组员思考这些政策存在哪些不足，组员们存在哪些需求未得到满足，共同探讨具有合理性和可行性的共性需求，并鼓励组员围绕这些未被满足的需求自选社区中的某一主体书写一封倡议信。

组员们有选择写给社区居委会的，有选择写给康复机构的，有选择写给地铁司机的，写完信后社工给组员提供了两种提交倡导信的方式，一种是由社工代为转交，一种是由组员自己提交。最后组员选择自己提交，希望能通过这样的对话方式进行倡导发声，改变孤独症家庭目前的困境，满足这些家庭的需求。

活动总结阶段，社工和组员共同总结了本次小组活动的内容和收获，组员们也进一步明确了存在的倡导需求，期待通过倡导发声推动相关家庭支持政策逐步完善，孤独症家庭照顾者们的境遇能够得到改善。

3. 活动总结分析

社会工作者在本次活动的作用主要是引导组员们找到目前社区政策在家庭

支持方面未能满足我们的孤独症家庭需求的地方，并鼓励组员积极进行倡导，寻求社区的支持和帮助，能够获得更多的机会平等地参与到社区生活中，帮助这些孩子实现社区融入。此次倡议活动也呼吁更多的人以平常的眼光来看待身边的残疾人，帮助身边的残疾人。

（六）结束阶段：开展倡导行动

1.活动流程

表8-8　第六节小组活动："倡议座谈会"

内容	目标	时间	物资
简要回顾上节内容	重温上节活动	5分钟	PPT
介绍本节活动主题	使组员们理解活动流程，便于活动开展	10分钟	PPT、茶歇、人物立牌
开展座谈会	探讨家庭支持政策情况	90分钟	PPT、茶歇、人物立牌
小结会议	分享感受并总结	40分钟	纸、笔

2.小组过程分析

座谈会前，社工和来自高校的志愿者们为会议积极筹备，进行现场布置。这次座谈会主体涉及孤独症家庭照顾者、社区、政府乃至社会组织，因此，本环节需要社会工作者提前链接相关主体，即政府组织、社区、社会组织、社会工作者和家庭之间的主体联动，共同聚在W市M机构的会议室，召开座谈会。

座谈会就家庭支持政策可以如何改进和社会各主体可以进行哪些支持进行了深入交流和探讨。座谈会上，小组组员指出现在存在的家庭支持方面的需求和困境，希望能得到社会各主体的支持。社区、政府和社会组织也积极发言，共同探讨之后的政策改进方向和未来能够提供哪些支持，为组员和在座的其他孤独症家庭照顾者们带来正向的支持和鼓励。

3.活动总结分析

最后，社工对本次座谈会做出总结，通过召开多方主体的座谈会，多方主体坐下来一起探讨孤独症青少年家庭支持的未来方向，结合家庭照顾者们目前的需求和困境，未来可以从哪些方面给予帮助和支持。组员们最后希望在以后M机构能开展更多的家庭支持活动，为孤独症家庭增权赋权，提升孤独症家庭支持活动效果，帮助更多的孤独症家庭更勇敢坚定地走好康复治疗之路，让心智障碍人士和家庭能够走出"家园"，被社区、社会和更多的人看到，促进孤独症孩子享有和其他孩子平等的机会参与社会交往和社会融入。

四、小组工作介入的效果评估

社会工作评估是社会工作实务专业化过程中必不可少的环节，是衡量社会工作介入成效最关键的一环。有效的社会工作评估需要用科学的评估方法对社会工作完整的介入过程和最终的介入结果进行系统的评估。以此来评估已完成的社会工作是否达到了小组目标。对本次小组活动的评估，研究者运用过程评估和结果评估两种评估形式，包括社会工作者自评、活动内容评估、组员表现评估来分析小组服务的成效。

（一）过程评估

过程评估主要是指小组实施过程中的评估，研究者运用参与式观察法对每次活动做出评估，记录在《小组过程记录表》中，以此作为过程评估的资料参考。

1. 社会工作者自评

在整个小组活动中，社会工作者在不同的小组阶段扮演着引导者、协调者、资源链接者、使能者等不同的角色。

家庭照顾者支持小组组建初期，社会工作者和组员之间互相都不熟悉，于是社会工作者积极主动与组员们建立良好的互动和相互信任的关系，以积极、正面的话语与其交谈，充分发掘组员们的潜力。在小组开展过程中，社工充分尊重组员的尊严和价值，真诚对待每一位组员，为他们增能赋能，使组员们通过形式多样的小组活动发现自己的优势，培养妥善处理人际关系的技巧，增强组员的自信心。

社工在实践过程中较好地使用一些实务技巧支持和引导组员进行深度的情绪、信息和倡导意识的觉醒，比如，在和组员进行沟通时运用适当自我表露、积极回应、及时进行小结等技巧，运用询问和引导等技巧使组员们聚焦小组的目标，促进小组顺利进行。

在带领小组的过程中社工也存在着不足之处：由于缺乏一定的实践经验，

在组织语言方面能力有些欠缺，有时候不能清楚表述所要陈述的内容；在活动过程中，有时会出现冷场的情况，此时社工在及时调节气氛、化解尴尬方面存在经验不足的情况。同时，社工在小组活动过程中对进度节奏的把控也有待加强，有时未能合理安排时间，导致组员由于活动时间过长而感到疲惫，进而影响了活动的整体效果。

2.活动内容的评估

社会工作者根据组员的共性需求和困境进行活动设计，每次活动结束后，社会工作者会根据实际执行情况进行必要的调整和优化，确保下次活动能够给家庭照顾者带来家庭支持提升。同时，社工还会定期向督导反馈小组进展及实施情况，并请督导就小组内容设计和活动开展提出宝贵建议。鉴于研究对象的特殊性，社会工作者在根据组员的需求、优势和具体特点进行活动设计时，通过设计具有趣味性和符合组员需求的活动内容，旨在有效激发组员的参与热情与主动性。

在小组内容设置上，社工设计前两节小组活动通过影像发声法对组员进行需求调研和鼓励发声，三四节小组活动目标着重通过组员交流和信息分享进行信息和情绪层面的支持提升，最后两节小组活动通过向社区和政府进行政策倡导的方式，推动组员树立倡导意识和理念，对倡导和支持能够解决问题和改变现状充满信心。同时回顾小组活动过程，互相分享感受，总结在小组活动中的收获和成就感。

但在小组活动的实施过程中，尽管大部分内容得以有效推进，但部分环节仍需要进一步优化。具体而言，某些活动环节由于时间过长，导致部分组员表现出疲惫或注意力分散的现象。因此，社会工作者在未来的小组活动中应更加关注活动内容的时间分配问题，确保各环节既能达到预设目标，又不会给组员带来过多的负担，从而提高活动的整体效果。

3.组员表现的评估

在小组活动的初期阶段，组员们初来乍到，往往展现出一定的拘谨和防备心态。他们之间的互动显得较为谨慎，缺乏充分的信任基础，因此主动发言的勇气也相对不足。在这种情况下，社会工作者发挥了关键的引导作用，通过引导发言帮助组员们打破沉默，组员也逐渐打开心扉。

随着小组活动的深入进行和社会工作者的持续引导，组员们开始相互熟悉，对小组产生了更强的认同感。几次活动之后，组员们的自信心得到了提升，不仅与其他组员建立了稳固的信任关系，而且愿意更加积极地参与讨论，分享自己的成功方法和经验，通过与组员互助实现家庭支持能力提升。

当然，在小组讨论的过程中，有时也会出现话题偏离主题的情况。这时，社会工作者会及时出面干预，通过打断和引导的方式，将讨论重点重新拉回到主题上来，确保小组活动的顺利进行。

LMX："我觉得我的变化很大，以前我对儿子没有很多耐心，听了其他人的经验和建议，我现在会慢慢学会耐心地陪儿子做他喜欢做的事，儿子和我的关系也变得更好了。我非常感谢社会工作者能够组建这样的互助小组，能有人和我聊天，倾听我的烦恼。所以每次参加完活动后我的心情都会很好。"

参与小组后组员们了解和认识了家庭支持的内涵和作用，学会了通过影像发声法来倡导发声，以解决问题和改变现状。有些组员从一开始对小组的不看好到小组活动结束后，积极主动地给社区和地铁司机等社区倡议主体写倡议信，对倡导支持能够改变现状充满信心。当有些组员中途偷懒不愿意参与活动时，社工和其他组员也会对其做工作，社工也对应调整更吸引人的活动方案形式，最终成功说服这些组员坚持参与，他们最终也表示有所收获，在之后的康复陪伴中有更强的信心。

总体而言，随着小组活动的逐步推进，组员们的表现呈现出日益积极的态势，组员们积极参与其中并投入热情。然而，小组活动结束后，对于组员的跟进服务依然不可或缺。这一环节旨在协助组员巩固已掌握的家庭支持知识和方法，确保他们的学习成果得以有效维持和深化。通过这样的跟进服务，我们期望能够进一步促进组员的成长与发展，为他们未来的生活奠定坚实基础。

（二）结果评估

结果评估是对小组或组员达成目标实现程度的评估，以及所产生影响的评估，是小组工作服务过程的最后阶段。对于本次优势视角下小组工作介入智力残疾人人际交往能力提升的研究结果评估，研究者主要从小组介入前后测评和小组成员满意度两方面进行分析。

1. 小组介入前后测评

研究者在开展第一次小组和最后一次小组活动时，邀请组员填写了《W 市 M 机构家庭支持需求调查》的部分题目，共包含 11 道问题，旨在评估组员家庭照顾者支持能力提升成效，然后以分数的形式将小组干预成效可视化，通过前后测数据对比展现组员的变化，评估小组是否实现预期目标。此问卷参考了袁静等人修订的《孤独症儿童家庭社会支持量表中文简体版》，结合孤独症家庭照顾者的实际情况重新编制而成。本次前测问卷和后测问卷分别发放 6 份，并全部回收，回收率 100%，经过研究者的统计分析得出以下表格：

表 8-9　前后测情绪支持表

	姓名	YWH		WZW		YXA		LFL		LMX		ZZJ	
	介入指标	前	后	前	后	前	后	前	后	前	后	前	后
情绪支持	我每天情绪很不稳定	5	2	4	1	4	1	4	2	4	2	4	2
	孩子的消极事件使我情绪变糟糕	5	2	4	2	3	1	5	2	4	1	4	5
	有情绪问题会主动寻找解决方法	3	4	4	4	4	5	3	5	3	5	3	5

表格说明：1 分为非常不同意，5 分为非常同意，1~5 分中的分值越大同意程度就越高，分值越小同意程度越低。

如上表所示，在情绪支持指标中，通过问卷结果对比分析。组员在情绪稳定性、情绪受孩子影响程度前期得分偏高，都处于负面的状态，经过六次活动干预后，后测均分均低于前测均分，表明情绪负面性降低，通过释放负面情绪获得了正向情绪；在积极寻找方法解决情绪问题方面，前期得分偏低，经过干预后分数普遍有所提升，表明小组活动对组员们主动解决问题的能动性提升有效果。

表 8-10　前后测信息支持表

	姓名	YWH		WZW		YXA		LFL		LMX		ZZJ	
	介入指标	前	后	前	后	前	后	前	后	前	后	前	后
信息支持	获得康复方面信息	3	5	3	5	2	5	2	5	2	5	3	4
	获得亲子教育方面信息	3	5	2	5	2	5	3	4	3	5	4	5
	获得亲子相处方面信息	4	5	3	5	3	4	2	5	3	5	4	5

如上表所示，在信息支持指标中，通过问卷结果对比分析，组员在获取信息前期均分偏低。经过六次活动干预后，在信息支持指标方面，后测均分均高于前测均分，表明家庭照顾者们获取信息的来源、途径明显增多，接收的信息也增多。表明小组活动对组员在信息支持获取途径、方式和范围方面提升有效果。

表 8-11　前后测倡导支持表

	姓名	YWH		WZW		YXA		LFL		LMX		ZZJ	
	介入指标	前	后	前	后	前	后	前	后	前	后	前	后
倡导支持	清楚倡导内容和对象	3	5	2	4	2	4	2	4	2	4	4	5
	对倡导结果抱有乐观态度	3	5	2	4	2	5	2	5	2	4	3	5
	对成功向社区倡导充满信心	3	4	3	5	2	5	3	5	2	5	3	5
	对成功向社会倡导充满信心	3	5	3	4	2	4	2	4	2	4	3	4
	认为倡导结果能对家庭有所帮助	3	4	2	5	3	5	2	5	2	5	3	5

如表所示，在倡导支持指标中，通过问卷结果对比得出，每个组员在对倡导内容的认知水平、倡导的结果、倡导主体成功情况、倡导对现状的改变情况等方面的后测均分都高于前测均分。前测得分较低表明组员们倡导意识薄弱，经过活动干预后，组员普遍对倡导支持有了更清晰的认知，意识到通过倡导支持能够助力他们改变现状，并对向社区和社会倡导等主体进行成功倡导充满信

心。这表明小组活动介入对组员的人际交往能力提升干预有效果。

总的来说，增长幅度最大的为倡导支持层面，幅度最小的为信息支持层面。说明经过本次小组后组员们普遍在倡导支持方面有所收获，深化了对倡导支持的认知，提升了组员对通过提升倡导支持以改变境遇和解决困境的决心和信心。研究者分析了信息支持增长幅度最小的原因，一方面可能是组员们本来有信息获取渠道，在活动中信息获得感就会下降，所以信息支持进步空间相对较少。另一方面，也表明小组工作在信息支持方面由于人数有限，不能解决所有组员出现的困境和满足需求，所以组员信息支持的上升空间有限，这也可能是导致变化不够明显的一个原因。

2. 小组目标实现程度分析

社会工作者通过前期问卷调查和小组工作介入，发现研究对象在情绪支持、信息支持和倡导支持三方面存在困境和需求，针对研究对象表现出来的需求，确定了小组目标是通过为孤独症家庭提供信息支持、情绪支持和倡导支持，帮助他们更好地应对孤独症的挑战，减轻家庭成员的情绪压力、打通信息渠道和提高倡导支持成效，提高孤独症家庭的家庭支持水平。社会工作者基于"家庭支持理论"框架，对目标群体进行了小组工作的实务介入。小组工作结束后，社工参考了《W市M机构家庭支持需求调查》（见附录）中部分问卷的前后对比数据，并结合小组活动中组员的总结性发言，对组员的困境改善情况和需求满足程度进行了调查。同时，社工还对小组目标的实现程度进行了深入分析，最终得出了关于研究对象的综合评估。即研究对象在这三方面显现出积极的变化，说明在家庭支持理论视角下，对孤独症青少年家庭支持提升的小组介入是具有可行性和有效性的。

（1）对社工和活动满意程度提升

如下表所示，"我满意活动的内容"这一问题的前后测调查结果显示，开展小组工作前，有67%的组员选择"不确定"，33%的同学选择"较为同意"，说明这些组员对活动的内容较为满意；小组工作开展后，有33%的组员认为自己以后应该会与他人主动交流，还有67%的组员选择了"非常同意"，说明组员们对活动内容较为认可。"我满意活动的形式"这一问题的前后测调查结果显示，开展小组活动前，有50％的组员选择"不确定"，有50％的组员选择"较为同意"，说明组员对活动形式是否满意并不太确定；小组活动开展后，100％的同学选择"非常同意"，说明同学们一致认可活动形式。同理，对活动达成可达成目标和对社工的满意度经历了小组活动后也有提升。

表 8-12 小组工作开展前后组员满意情况

			非常不同意	不同意	不确定	较为同意	非常同意	合计
1. 我满意活动的内容	前测	频数	0	0	4	2	0	6
		百分比	0%	0%	67%	33%	0%	100%
	后测	频数	0	0	0	2	4	6
		百分比	0%	0%	0%	33%	67%	100%
2. 我满意活动的形式	前测	频数	0	0	3	3	0	6
		百分比	0%	0%	50%	50%	0%	100%
	后测	频数	0	0	0	0	6	6
		百分比	0%	0%	0%	0%	100%	100%
3. 我认为活动可达成目标	前测	频数	0	0	2	4	0	6
		百分比	0%	0%	33%	67%	0%	100%
	后测	频数	0	0	0	0	6	6
		百分比	0%	0%	0%	0%	100%	100%
4. 我满意社工的表现	前测	频数	0	0	4	2	0	6
		百分比	0%	0%	67%	33%	0%	100%
	后测	频数	0	0	0	1	5	6
		百分比	0%	0%	0%	17%	83%	100%

根据以上数据显示通过本次干预服务，研究对象的满意度有所提升。在活动过程中社会工作者和组员共同为存在困境和需求的组员提建议，从小组活动中引导他们进行有效的沟通，促进组员们提升家庭支持的能力。

（2）家庭支持提升途径增多

通过本次干预服务，组员的家庭支持提升途径不再是只能依靠自己，还可以依靠与他们有着相同情况的其他组员，通过组内互助实现家庭支持提升。研究对象通过学习和运用家庭支持知识和方法，感受到家庭支持提升给他们带来变化和影响，让他们更有信心和动力进行倡导发声。

（3）团队协作能力得到提升

经过本次小组工作介入服务的实施，结合所收集的数据与访谈反馈，研究者发现研究对象的团队协作意识和能力均有提升。在小组互动的过程中，组员通过与他人的交流合作，增强了彼此间的信任感，责任意识与团队归属感也得到了明显加强。同时，组员们深刻体会到了团队合作的重要性，对自己在团队中的角色定位有了更为清晰的认识，促进了团队协作能力的提升。

（4）人际交往范围得到扩大

根据以上数据和访谈结果显示通过本次干预服务，组员们的人际交往范围有所扩大。通过几期活动，组员们家庭支持能力有所提高，同时他们的交往对象不再局限于家人、机构的老师，他们在与其他的照顾者交流的过程中给予他人以支持也收获了来自其他组员的支持，并在此过程中不断巩固所学内容。

五、研究结论与专业反思

（一）研究结论

小组工作介入孤独症家庭照顾者支持的实务研究，是对孤独症家庭支持领域研究的一次新的尝试。通过组建家庭互助小组服务的形式，实现"助人自助"服务方式的创新，与传统的小组工作社工链接社会资源不同的是，互助小组更强调社工引导，为组员赋权增能，促进组员间实现组内互助。综合整个服务过程，研究者得出以下结论。

第一，在面对孤独症家庭照顾者时，社会工作者提供服务需要尊重其隐私，以平等尊重的视角去看待服务对象。研究者在进行小组活动设计时，面对家庭面临的多种需求，没有因为其处于弱势地位而全部满足或只局限于满足当下面临的一些需求，而是与服务对象一起聚焦共性的、可实施的和能够推动政策出台的需求和困境。最终从信息支持、情绪支持和倡导支持三个层面出发，针对服务对象的共性需求设计了六期小组活动。活动全程研究者注意保护服务对象的隐私，同时以尊重平等心态与他们相处，而不以小心翼翼的态度或充满同情的"俯视者"心态看待服务对象。

第二，小组工作介入孤独症家庭照顾者支持，可以激活孤独症家庭的社区和社会联系，构建社会支持网络。由于孤独症家庭以照顾孤独症孩子为重心，家庭照顾者难以拥有属于自己的时间和空间，社交较少且性格内敛的服务对象长此以往逐渐被社会边缘化。社会工作者选择在康复机构里组建家庭照顾者互助小组，既方便了接送孩子上学的照顾者参与活动，也提供给服务对象时间和空间去与其他家庭交流和建立关系，搭建孤独症家庭交流平台，实现组内互助，为孤独症家庭释放负面情绪、增加信息渠道和途径，推动孤独症照顾者进行倡导发声。同时，在小组活动中，组员间通过相互分享和讨论，孤独症家庭不仅学习到了子女照顾知识和技巧，而且从其他家庭的成功经验中获得激励，增强面对逆境的信心，更有信心和勇气去走好其未来的康复陪伴之路。

第三，小组工作和影像发声法在实践中可以多层次为孤独症家庭增能。孤独症家庭在面临多重困境时展现出巨大的抗逆力，有其独特的优势，基于这一特点，社会工作者组建家庭照顾者支持小组，前期运用影像发声法聚焦孤独症家庭照顾者共性的困境和需求，尝试挖掘出孤独症家庭优势和资源。一方面，协助孤独症家庭更加积极地面对逆境，促进孤独症家庭的互动与交流，从而实现助人自助。另一方面，在孤独症家庭讨论与分享的过程中，使孤独症家庭重新审视和认识个体、人际和社会层面的能力，建立起对自己的积极认同，从而产生改变生活的批判性意识[1]。

（二）反思与讨论

1. 小组工作介入提升的有效性

①小组工作介入孤独症青少年家庭照顾者支持能力提升服务，可以有效促进孤独症青少年家庭的改变。

研究者认为组建家庭照顾者支持小组能够帮助他们有效地应对生活中的挑战。因此，社会工作者引导孤独症家庭组建家庭照顾者支持互助小组，通过共享信息、共同排解负面情绪和共同掌握政策与资源倡导的知识和方法，一个人

---

[1] 袁艺. 新冠肺炎疫情下孤独症家庭增能的干预研究 [D]. 华中科技大学，2021.

如果缺乏改变现状的勇气和方法，那么一群人则会给小组成员带来勇气和方法，增强他们解决问题和改变现状的信心，并在小组活动中积极参与，通过与组员的良性互动，获得家庭支持的提升。

②小组工作拉近了孤独症家庭照顾者与社会工作者之间的距离

孤独症照顾者与社会工作者之间的平等，使得他们的想法或感受能够被充分关注，有利于社会工作者从孤独症青少年家庭的真实需求出发来制定小组活动。小组工作强调以小组的方法帮助孤独症家庭，通过组内互助的方式，一方面有助于他们对自身前景的乐观预期和展望，激发其在困境中奋斗的信心。另一方面，让他们能够结识新的朋友，从较为封闭孤立的状态中摆脱出来，这对于患有孤独症青少年的家庭是十分有益的。

2. 孤独症青少年家庭照顾者支持提升的实践反思

（1）加强多元主体联动，促进信息资源流动

针对孤独症家庭在信息支持方面存在的困境，需要建立可信度高的信息来源、提供多样化的信息传递方式、个性化的沟通和支持等。这需要医疗机构、专业人士、社区组织和家庭之间的紧密协作。

①提供专业培训

社区可以为孤独症照顾者和社区工作者开展关于孤独症领域的专业知识培训，提高他们的知识水平和技能，促进家庭照顾者的康复照料能力的提升和社区工作者的服务能力，为孤独症家庭营造专业、和谐的康复环境。

②创建信息平台

建立政府或社区运营的信息平台，定期更新关于孤独症领域最新的、可靠的且易于理解的信息，包括早期识别、干预方法、支持资源等信息，从源头推动孤独症青少年的康复效果。孤独症家庭也可以通过平台获得互动交流和信息分享的机会 [1]。

---

[1] Ramdoss S, Lang R, Mulloy A, Franco J, O'Reilly M, Didden R, ... & Lancioni G. Use of computer-based interventions to teach communication skills to children with autism spectrum disorders: a systematic review[J]. *Journal of Behavioral Education*, 2010(01):55-76.

③指导家庭自学，家庭也应发挥积极主动性

孤独症康复机构可以联合发布孤独症领域的指南、手册和在线课程，包括沟通技巧、教育方法和情绪疏导方式等信息。帮助有需要的家庭学习如何有效地预防、诊断和照料孤独症青少年。此外，家庭成员可以积极参与相关培训和学术讲座，学习如何应对和解决孤独症相关的问题，以加强他们在日常生活中的支持能力。

④专业康复机构提供专业化的服务

与家庭进行个体化的沟通和评估，了解他们的具体情况和需求，提供有针对性的信息支持[1]。专业机构可以以专题的形式推出线上课程，家庭照顾者们可以结合实际情况，选择性购买，采用线上学习的方式，提升家庭支持效率。

（2）践行情绪管理和接纳方法

①特殊教育学校和康复机构可以开展心理教育和训练

特殊教育学校和康复机构可以在课后定期开展面向家庭成员的心理教育活动，提供应对情绪压力、调适情绪的技巧和工具，提升家庭照顾者情绪管理和接纳能力，为孤独症青少年营造良好的家庭氛围。

②组建情绪支持和互助小组

组建情绪支持和互助小组，让家庭支持小组组员们在活动结束后，也能有交流圈，分享彼此的经验、情感和支持，可以自行组织户外活动释放负面情绪，减轻孤独感和缓解情绪压力。

（3）建立倡导长效机制，营造包容性社区环境

针对在倡导支持方面存在的困境，可以通过开展教育活动、营造包容性的社区环境、建立公共倡导平台等方式提升对孤独症照顾者的家庭支持。

①开展教育倡导活动，进行知识普及

开展教育倡导活动，提高公众对孤独症的认知和理解，消除歧视和偏见。同时，可以联动广播电视部门制作以孤独症为主题的公益短片和影视作品，潜

---

[1] Kuhlthau K, Orlich F, Hall T A, Sikora D, Kovacs E A, Delahaye J, ... & Cicchetti D V. Health-related quality of life in children with autism spectrum disorders: results from the autism treatment network[J]. *Journal of Autism and Developmental Disorders*, 2020(06):721-729.

移默化地对公众进行相关的知识普及。

②倡导营造包容性的社区环境

社区作为孤独症青少年居住和康复的场所，其环境建设与孤独症青少年的康复效果息息相关。推动社区组织、学校和企业等多方联动合作，共同营造包容性的社区环境，拉近社区居民和孤独症青少年间的距离，促进孤独症青少年的社区融入和社会生活的参与。

③建设公共倡导平台，搭建政府与残障群体的"对话桥"

通过公共倡导平台，残障群体能够在平台进行倡导发声。当孤独症家庭照顾者因为死亡或者疾病不能继续照顾孤独症患者时，为孤独症人士制定的养老和未来安置计划是预防危机事件的关键。然而孤独症家庭影响社会政策的能量有限，他们作为社会中的弱势群体，即使向社区和社会等主体写倡议信，与社会各界召开主题座谈会，也只能起到暂时性的倡导作用，他们能够被政策制定者关注的发声渠道太少，其影响程度微乎其微。因此，加强公共倡导平台建设的长效机制，逐步推动相关主体进行政策的出台和落地。

（4）影像发声法的实务反思

影像发声法作为一种社会工作实践方法，强调通过使用图像和声音记录个体或群体的故事和经验，以此来促进参与、倾听和理解。

在第六期小组活动中，影像发声法主要应用于前两期活动，对孤独症家庭照顾者的需求和困境进行调研。研究者整理了前两期的观察记录情况，做出如下反思：

第一，影像发声法有利于社会工作者更加深入地倾听和理解孤独症照顾者的故事和经验，鼓励组员主动倡导发声。讲述故事是件简单的小事，但它可以帮助组内性格内敛、不习惯在公共场合发言的组员以讲故事的形式自如地讲述自己的经历、困境，这有助于社会工作者超越语言和文字的障碍，更全面地理解服务对象的需求和情境。借助影像发声法，照顾者们把在生活中遇到过的困境或者成功经验以故事进行分享，帮助到有相同困境的组员解决困境。

第二，社会工作者能够向公众展示服务对象的生活体验，从而推动政策和制度的改变。本研究者在最后一期的小组活动中，将前两期活动中影像发声法梳理出的需求汇总，以座谈会的方式，让政府、社会组织、社区和企业等多方主体参与进来，倾听照顾者的发声，共同加快推动孤独症家庭照顾者支持的相关政策的出台。但是也要注意运用影像发声法向公众发声时，存在暴露服务对象隐私的风险，需要妥善处理好相关的伦理问题。

参考文献

一、中文著作

[1] 中国精神残疾人及亲友协会.中国孤独症家庭需求蓝皮书 [M].北京：华夏
    出版社，2014.

二、中文论文

[1] 陈仁兴."后小康"时代残障儿童家庭社会支持的国外经验与本土政策构
    建 [J].学习与实践，2023（01）：102-113.

[2] 董瑞.NGO 组织针对智障人士康复训练方式研究——以兰州慧灵为例 [J].
    法制与社会，2013（21）：191-192.

[3] 费安玲，周维德，戴宇鑫.成年心智障碍者监护制度构建之四议 [J].残疾
    人研究，2019（04）：54-63.

[4] 黄晶晶，刘艳虹.特殊儿童家庭社会支持情况调查报告 [J].中国特殊教育，
    2006（04）：3-9.

[5] 黄晓燕.家庭支持视角下的困境儿童服务融合路径探讨 [J].中国民政，
    2015（19）：26-28.

[6] 吉彬彬，陈三妹，易容芳，等.孤独症儿童父母社会支持和应对方式及家
    庭功能的研究 [J].广东医学，2013，34（10）：1594-1596.

[7] 李豪豪，沈亦骏，杨翠迎．孤独症家庭的困境及社会支持体系构建——基于上海市的调研 [J]. 社会保障研究，2020（06）：37-47.

[8] 李学会，张凤琼．心智障碍者的权益保障：家庭视角的审视 [J]. 西南政法大学学报，2018，20（05）：58-65.

[9] 李学会，赵康．孤独症家庭的社会支持现状与社会服务需求：基于509位家长的调查 [J]. 社会福利（理论版），2019（03）：54-60.

[10] 李永鑫，赵娜．工作—家庭支持的结构与测量及其调节作用 [J]. 心理学报，2009（9）：12.

[11] 李转．听觉统合训练联合家庭康复训练在儿童孤独症康复治疗中的应用效果 [J]. 护理实践与研究，2019，16（14）：132-134.

[12] 梁露尹，陈挚颖．智障儿童家长服务需求调查 [J]. 社会工作（学术版），2011（04）：45-47+27.

[13] 刘佰桥．我国特殊儿童家庭的社会支持研究进展 [J]. 绥化学院学报，2017，37（04）：140-143.2

[14] 刘鹏程，刘金荣．自闭症群体的家庭需求与支持体系构建 [J]. 学术交流，2018（08）：113-121.

[15] 刘战旗，杨婕娱，王旭东，朱健刚，胡建新．重度残疾人分类精准照护及政策对接研究 [J]. 残疾人研究，2022（03）：47-57.

[16] 娄燕，陈雪萍，陈佳佳，等．成年心智障碍者家庭照顾者的照顾负担及影响因素研究 [J]. 中华护理教育，2019，16（03）：219-224.

[17] 马宁，李芳．高中生家庭支持与学业倦怠的关系：一个序贯中介模型 [J]. 心理发展与教育，2016（8）：423-431.

[18] 马志鹏，宁宁．自闭症儿童自我刺激行为干预策略研究综述 [J]. 新疆教育学院学报，2020，36（02）：65-70.

[19] 满小欧，李月娥．西方困境儿童家庭支持福利制度模式探析 [J]. 北京社会科学，2015（11）：117-122.

[20] 满小欧，王作宝．从"传统福利"到"积极福利"：我国困境儿童家庭支持福利体系构建研究 [J]. 东北大学学报（社会科学版），2016，18（02）：

173–178.

[21] 倪赤丹，苏敏.自闭症儿童家庭支持网的"理想模型"及其构建——对深圳 120 个自闭症儿童家庭的实证分析 [J]. 社会工作，2012（09）：44–48.

[22] 王芳，杨广学.国内自闭症干预与康复现状调查与分析 [J].医学与哲学（B），2017，38（10）：49–54.

[23] 王来宾.以积极福利政策服务心智障碍者家庭——基于社会支持理论分析 [J].绥化学院学报，2019，39（10）：138–144.

[24] 王雪洋，陈飞虎.基于自闭症儿童需求的康复机构空间设计研究 [J].设计，2021，34（19）：132–134.

[25] 吴伟，刘宝臣.社会支持理论下社会工作介入喘息服务的研究——以 S 市困境儿童家庭喘息服务项目为例 [J].重庆师范大学学报（社会科学版），2021（01）：54–62.

[26] 袁静，廖令秋，白晓宇，等.孤独症儿童家庭社会支持量表中文简体版修订研究 [J].教育理论与实践，2021，41（26）：26–29.

[27] 袁丽娜，任灵敏，叶蓓.团体沙盘游戏结合家庭式护理在孤独症患儿中的应用效果观察 [J].中国临床新医学，2019，12（11）：1244–1247.

[28] 袁艺.新冠肺炎疫情下孤独症家庭增能的干预研究 [D].华中科技大学，2021.

[29] 张一博.成年心智障碍者公共监护制度：理论阐释与路径探析 [J].残疾人研究，2022（04）：11–21.

[30] 周雅婷，尹华英，王敏建，王娟，程茜.孤独症谱系障碍儿童家庭功能与养育者育儿自我效能感的相关性 [J].中国康复理论与实践，2017，23（04）：465–469.

三、电子资源

[1] 中国残疾人联合会.全国持证残疾人人口基础库主要数据 [EB/OL].（2021）[2024–06–06].https://www.cdpf.org.cn/zwgk/zccx/ndsj/zhsjtj/2021zh/80f9400851214705a7e2774616e2e0e6.htm.

四、外文文献

[1] Baron R S, Cutrona C E, Hicklin D, Russell D W, Lubaroff D M. Social support and immune function among spouses of cancer patients.[J]. *Journal of Personality and Social Psychology*,1990,59(2).

[2] Bonsall A, Thullen M, Stevenson B L,et al. Parental feeding concerns for children with autism spectrum disorder: a family-centered analysis[J].*OTJR Occupation Participation Health*, 2021, 41(3): 169-174.

[3] Brown N, O'Sullivan D & Brady N. Autism spectrum disorder (ASD) and the family: a qualitative synthesis of parental experiences of diagnosis and post-diagnostic support[J]. *Research in Autism Spectrum Disorders*, 2019(05):57-70.

[4] Chiang H M, Cheung Y K & Hickson L. Autism spectrum disorder in children and adolescents:etiology, assessment, and treatment[J]. *Springer Science & Business Media.*, 2018(08):1-9.

[5] Chiu C Y, Turnbull A P, Summers J A. What families need: validation of the family needs assessment for Taiwanese families of children with intellectual disability and developmental delay[J]. *Research & Practice for Persons with Severe Disabilities*, 2013, 38(4):247-258.

[6] Friedman C S. Advocacy for individuals with autism spectrum disorder[J]. *Current Opinion in Psychiatry*, 2019 (02):108-112.

[7] Gargiulo R M & Kilgo J L. *An introduction to young children with special needs: birth through age eight*[M]. SAGE Publications, 2018.

[8] Harrington J, Noble L M & Tummons J. Supporting families with young children with autism spectrum disorders in accessing community resources[J]. *Children and Youth Services Review*, 2018(05):78-85.

[9] Harris S A, Dunst C J, Trivette C M & Deal A G. *Enabling and empowering families: principles and guidelines for practice*[M]. Cambridge, MA:

Brookline Books, 1989.

[10] Hassall R, Rose J, Mcdonald J. Parenting stress in mothers of children with an intellectual disability: the effects of parental cognitions in relation to child characteristics and family support. [J]. *Journal of Intellectual Disability Research*, 2010 (6):405-418.

[11] Heiman T. Parents' voice: parents' emotional and practical coping with a child with special needs[J]. *Psychology*, 2021(5), 675-691.

[12] Hillier A, Campbell H, Mastriani K, Izzo M V, Kool-Tucker A, Cherry L, ... & Chin A. A web-based virtual campus tour project using culturally responsive methodologies for individuals with disabilities[J]. *Journal of Physical Education, Recreation & Dance*, 2007(07):43-50.

[13] Hoagwood K E, Cavaleri M A, Olin S S,et al.Family support in children's mental health: a review and synthesis.[J].*Clinical Child and Family Psychology Review*, 2010, 13(1):1-45.

[14] Kamga I A, Costa S, Esteve-Faubel J M & Foulloy L R. Theoretical model of autism stigma based on the perceptions of the social representation:a systematic literature review[J]. *Health Expectations*, 2019(06):1149-1165.

[15] Knoll J A. Family support services in the united states: an end of decade status report[J]. *Agency Cooperation*, 1990.

[16] Kuhlthau K, Orlich F, Hall T A, Sikora D, Kovacs E A, Delahaye J, ... & Cicchetti D V.Health-related quality of life in children with autism spectrum disorders: results from the autism treatment network[J]. *Journal of Autism and Developmental Disorders*, 2020(06):721-729.

[17] Lin L P, Hsu S W, Kuo M T, Wu J L, Chu C & Lin J D. Onset aging conditions of adults with an intellectual disability associated with primary caregiver depression[J]. *Research in Developmental Disabilities, Research in Developmental Disabilities*, 2014, 35(3):632-638.

[18] Obrusnikova I, Cavalier A R, Novak H M, Blair-McKinsey A E & Suminski R

R. Effects of a community-based familiarization intervention on independent performance of resistance-training exercise tasks by adults with intellectual disability[J]. *Intellectual and Developmental Disabilities*, 2021, 59(3), 239-255.

[19] Ramdoss S, Lang R, Mulloy A, Franco J, O'Reilly M, Didden R & Lancioni G. Use of computer-based interventions to teach communication skills to children with autism spectrum disorders: a systematic review[J]. *Journal of Behavioral Education*, 2010(01):55-76.

[20] Schalock R L, Luckasson R, Tassé M J. An overview of intellectual disability: definition, diagnosis, classification, and systems of supports[J]. *American Journal on Intellectual and Developmental Disabilities*, 2021, 126(6): 439-442.

[21] Thoits P A. Life stress, social support, and psychological vulnerability: epidemiological considerations.[J]. *Journal of Community Psychology*,1982,10(4).

后　记

随着《心智障碍青少年家庭的社会支持体系研究》一书的完稿，我心中涌动着复杂的情感。在这段既充满挑战又收获颇丰的研究旅程中，我深刻体会到了心智障碍青少年家庭的坚韧与不易，以及他们对社会支持的渴望和需求。这本书的每一个字句，都凝聚着我对这些家庭的深切关怀和对改善他们境遇的坚定承诺。

在这本书中，我尽我所能地展现了心智障碍青少年家庭在经济、照料、心理和社会参与等方面的现实困境。这些家庭的故事，他们的欢笑与泪水，他们的希望与挣扎，都深深地触动了我的心。我看到了他们在面对孩子被诊断为心智障碍时的无助和绝望，也看到了他们在日复一日的照料中所展现出的无比勇气和毅力。他们的生活，充满了常人难以想象的艰辛，但他们的爱，他们的坚持，却是那么地深沉和伟大。

在研究过程中，我有幸接触到了许多心智障碍青少年家庭、社会工作者、专家学者以及相关社会组织。他们的支持和帮助，让我的研究工作得以顺利进行。每一次深入家庭的访谈，每一次与社会工作者的交流，每一次与专家学者的讨论，都让我对心智障碍青少年家庭的境遇有了更深刻的理解。这些经历，不仅丰富了我的研究，更让我对这个社会有了更深的感悟。

我深知这本书的完成，并不意味着我的工作结束。相反，它是一个新开始，是将研究成果转化为实际行动的起点。我希望通过这本书，能够唤起社会各界对心智障碍青少年家庭更多的关注和支持。我期待政府能够出台更加全面和有力的政策，期待社会能够提供更加丰富和有效的服务，期待每一个心智障碍青少年家庭都能得到他们应有的尊重和帮助。

本书获得武汉理工大学研究生教材专著资助建设项目资助和武汉理工大学文科学部资助。感谢武汉理工大学研究生院、文科学部和法学与人文社会学院。在本书的撰写过程中，我得到了来自多个领域的专家学者、社会工作者、学生、心智障碍青少年家庭以及相关社会组织的大力支持和帮助。在此，我对他们表示衷心的感谢。感谢李牧教授、江传曾教授和秦琴教授，他们的宝贵意见为本书的内容丰富和深化提供了重要帮助。感谢武汉理工大学2021级本科生麦梓昊参与第二章资料分析和撰写修订，2022级本科生万诗雨参与第五章资料分析及高校部分撰写，2020级MSW张宇（现为深圳市宝安区海同社会工作服务中心社工）参与第七章的专业实践部分分析撰写，2021级MSW汪紫霄（现为鄂州嘉和社会工作服务中心社工）参与第八章的专业实践部分分析撰写，感谢武汉市美好家园心智障碍人士家庭支援中心负责人占冬莲参与第六章社区康复服务内容与效果的撰写以及调研联系，他们的参与和协助让这本书更加深入和严谨。感谢所有参与研究的心智障碍青少年家庭，他们的信任和分享让这本书更加真实和有力量。

最后，我要对所有心智障碍青少年家庭说，你们并不孤单。你们的坚强和勇气，你们的爱和坚持，都是我们这个社会最宝贵的财富。我相信，只要我们共同努力，就一定能够为你们构建一个更加完善的社会支持体系，让你们的生活充满希望和温暖。

2025 年春于武汉理工大学